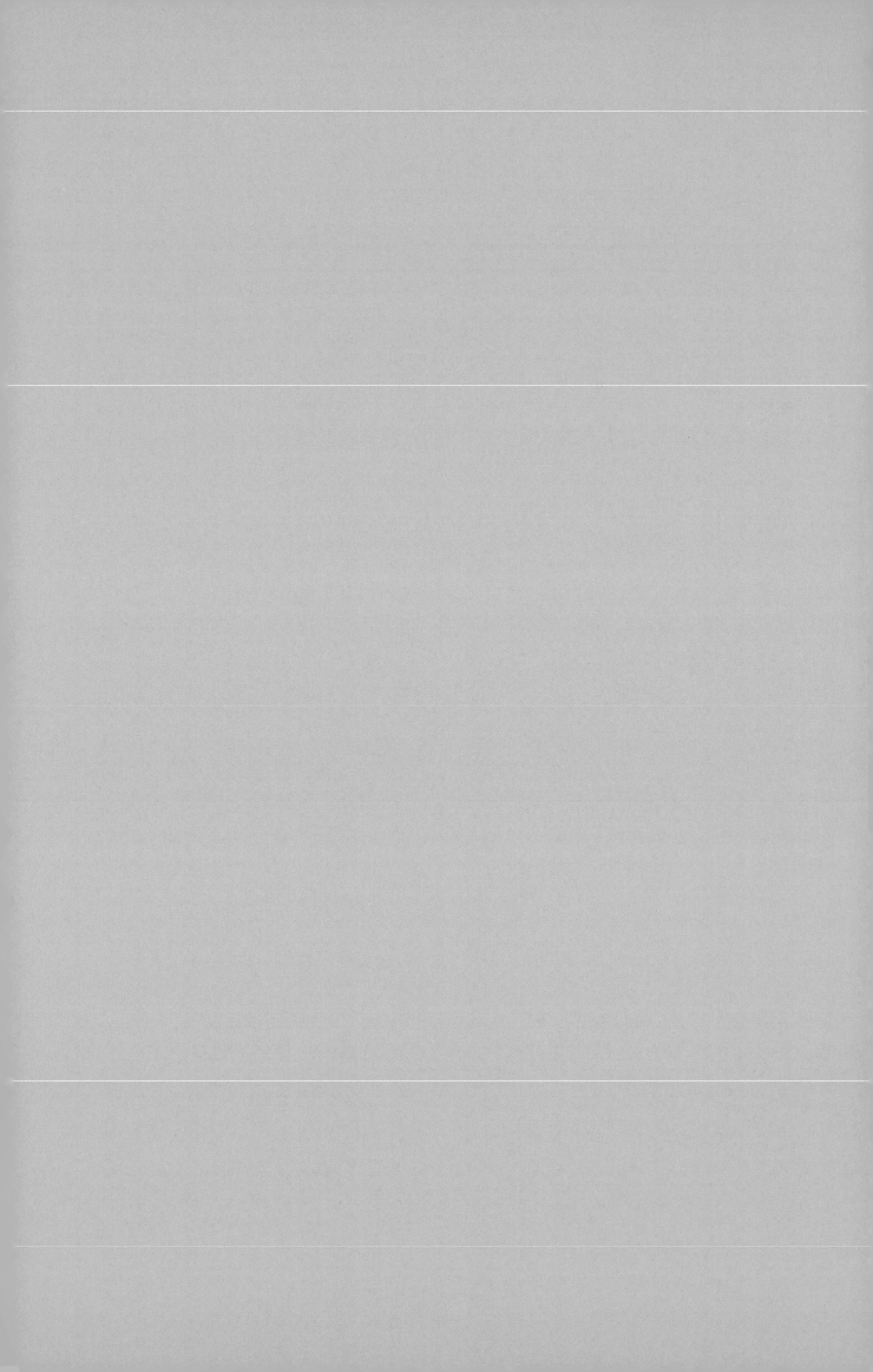

그 섬의 예술가들

그 섬의 예술가들

초판발행 2024년 9월 30일
지은이 김향남
펴낸이 신지원
펴낸곳 도서출판 소소담담
등 록 2015년 10월 7일(제2017-000017호)
주 소 대구광역시 북구 호국로43길 7-19
전 화 053-953-2112

ISBN 979-11-94141-04-4 (03810)
ⓒ 김향남, 2024

＊책값은 뒤표지에 있습니다.
＊저자와 출판사의 사전 동의 없는 무단 전재 및 복제를 금합니다.
＊이 책은 광주광역시 광주문화재단의 지역문화예술육성지원 사업으로
　지원 받아 발간되었습니다.

그 섬의 예술가들

김향남
수필집

소소
담담

|작|가|의 |말|

 그동안 쓴 글들이 꽤 되지만 책으로 묶을 마음은 내지 않았다. 이미 어느 지면에건 발표한 적이 있는 데다, 썼으면 됐지! 싶은 생각이 지배적이었다. 수없이 쏟아지는 책들에 묻혀 오히려 질식할 것 같은 우려도 한몫했다. 나에게 글쓰기란 흩어진 조각들을 꿰어내고 나름의 질서를 세워보는 것, 그렇게 하고 난 뒤 느끼는 의외의 개운함 혹은 뿌듯함 정도라고 스스로 일러둔 바도 있었다. 요컨대 나는 내 글의 생산자이자 소비자로, 지은이이자 독자로 자급자족만 해도 괜찮다고 생각했다.
 책을 펴낸다고 그 생각이 크게 변한 건 아니다. 다만 옛날 우리 어머니가 자투리 헝겊을 모아 조각보를 만드시던 것처럼, 내 삶의 낙수들도 그 비슷한 형태는 되었으면 좋겠다고 생각한다. 당신의 조각보는 쓸데없는 천 조각일망정 기꺼이 쓸만한 물건으로 되살려낸 살뜰한 정신의 풍경이었다. 이왕이면 좀 더 보기 좋게 꾸미고자 했던 미적 본능의 산물이기도 했다. 예술품을 창작한다는 원대한 뜻을 품고 만든 것은 아니었을 지라도, 선과 면과 색채의 조합이 능히 '작품'이라 할 만한 생

활 속의 예술이었다.

써놓은 글들을 모아놓고 보니 저 헝겊들처럼 아롱이다롱이다. 글의 소재나 주제 역시 제각각이다. 다채롭다고 해야 할지 어수선하다고 해야 할지…. 그래도 애써 차린 밥상이니 누구라도 맛있게 먹어 주었으면 좋겠다. 싱거우면 소금도 좀 치고, 간간하면 밥 한술 더 뜨면서 빈틈을 채워 가도 좋겠다.

고마운 이름들이 참 많다. 늘 최고라고 치켜주는 내 어여쁜 가족들과 윤, 민, 숙, 경, 이런 벗님들. 그리고 일일이 이름 부를 수 없지만 나와 연결된 모든 이들이 다 고맙다. 책 내는 데 큰 도움이 된 광주문화재단에도 감사한다. 혼자라고 느낄 때가 많았으나 사실은 그렇지 않다는 걸 깨닫는다. 아, 특별히 '글쓰기'에도 감사한다. '글쓰기'가 아니었다면 이 막막한 시간을 어쩔 뻔했는가!

2024년 가을
김향남

| 차 | 례 |

4 작가의 말

1부 나비에게 묻고 싶은 것

13 무성無聲 시대

17 헤드라이트

21 이웃사촌

25 빨간 모자

28 까마귀

32 '호떡'이 있는 풍경

36 나비에게 묻고 싶은 것

40 개구리 울음을 듣는 밤

44 행복한 이야기

2부 ★을 훔치다

- 51 맨발의 자유
- 55 춤의 이유
- 59 '덴동어미'처럼
- 65 봄이 전하는 말
- 69 프레드릭
- 73 ★을 훔치다
- 78 언덕배기 그 나무
- 82 각서
- 86 야생진미

3부 옛집 그 마당

93   뻐꾸기

97   살구

101   어느 중생의 기도

105   노을

109   그 섬의 예술가들

113   내 친구 '이자'

121   말 무덤

126   옛집 그 마당

130   석 달 열흘 붉은 꽃

4부 그 길목 능소화

137 우는 벌레

141 여름의 조각들

145 채울 수 없는 결핍, 할머니

149 'ㅇ'이 있는 풍경

153 그 길목 능소화

155 다시 꿈을

159 어쩌다

163 해 저문 강가에서

167 아버지의 말

5부 꽃 밟는 일을 걱정하다

173 　집으로

177 　봄볕처럼

181 　술꾼

184 　기억의 주인

188 　못다 부른 노래

192 　산 위에서

196 　꽃 밟는 일을 걱정하다

200 　청바지를 입는 이유

204 　한 은퇴자의 글쓰기와 기록의 쓸모

1부

나비에게 묻고 싶은 것

무성無聲 시대

최근 나에겐 여러 개의 방이 생겼다. 특별한 설계나 공정도 없이 뚝딱 지었으나 쏨쏨이 하나는 기막히게 좋다. 작은 네모 상자 속의 방은 이른바 사이버스페이스. 그곳에는 한계라는 것이 없다. 시간도 공간도 제한이 없고 목소리나 외모 따위에 신경 쓸 일도 없다. 가볍게 터치할 수 있는 손가락 하나와 해독 가능한 시력만 있으면 된다. 앉거나 눕거나 그것도 자유다.

방들은 저 옛날의 사랑방이거나 우물가 혹은 빨래터와 다름없다. 더러 휴게소가 되기도 하고 회의장이나 토론장이 되기도 한다. 효율성으로 따지자면 단연 최상급, 누구도 외면하지 못하는 문명의 이기利器다. 넘치거나 궁하거나 외롭거나 즐겁거나 바쁘거나 안 바쁘거나 쉴 새 없이 접속하고 끊임없이 차단하는, 너와 나, 우리들의 방이다.

밤은 깊은데 사랑방의 이야기꽃은 시들 줄 모른다. 간간이 울리던 알림음이 연속으로 터진다. 애당초 꺼버리거나 무음으로 두지 않고 진동상태로 놔둔 게 문제이긴 하다. 이건 소리와 소리없음(무음) 사이에 얼치기로 걸려 있다는 말이다. 나는 무심한 척 에돌아 있을 뿐이지 사실은 잔뜩 기울어 있는 것이다. 저만치 밀어 둔 폰을 끌어와 화면을 터치한다.

새로 구매했다는 이모티콘으로 한껏 기분을 내는 'ㄱ'과 공짜만 주로 쓴다는 'ㄴ', 감기가 들었는데 약은 먹기 싫다는 'ㄷ'과 약 먹는 것 하나는 끝내주게 좋아한다는 'ㄹ', 퇴근하고 한잔 먹고 싶다는 'ㅁ'과 어느 바닷가 석양을 찍어 올린 'ㅂ' 등등 오며 가며 보태놓은 말들이 계통 없이 이어지고 있다. 'ㄱ'이 뜬금없이 자신의 키스 이야기를 들려주겠다고 자청한다. 이런 밤엔 이런 이야기가 제격이라는 듯 마실 나온 사람들도 맞장구를 쳐 댄다.

'ㄱ'은 피골이 상접하고 눈만 퀭해서 별 인기가 없었단다. 운 좋게도 여자친구가 생겼는데, 아무리 생각해도 콤플렉스 덩어리인 자신을 친구 이상으로 대해줄 거라고는 상상할 수 없었다. 그래서 손을 잡는 데만도 2년이 걸렸다나? 입영통지서를 받아놓고 'ㄱ'은 마침내 결심이라는 걸 했다. 겨울날 어느 산속 한 동굴, 안에는 타닥타닥 모닥불이 타고 있고 밖에서는 사락사락 눈이 내린다….

'ㄱ'의 이야기에 여기서는 크크 웃고, 저기서는 그래 그래서요? 다음을 재촉한다. 둥둥 북을 울리고 얼쑤! 추임새도 넣는다. 갖가지 추임새(이모티콘)는 말보다 풍성하고 몸짓보다 강렬하다. 쑥스러워 못 하는 말도 간단하게 해결된다.

이야기기는 싱겁게 끝났다. 타닥거리는 모닥불과 휘날리는 눈발과 흐르는 시간, 그리고 남자와 여자…. 'ㄱ'의 이야기는 거기서 그쳤으나 함께 북장구를 쳤던 사람들, 그들의 세포 하나쯤은 건드리고도 남았을 것이다.

밤은 깊고 야릇하게 달뜬 미소를 입가에 매단 채 모두 각자의 공간으로 돌아갔다. 후끈했던 네모상자는 일순 식은 화로처럼 썰렁해져 있었다.

문을 열고 거실로 나왔다. 텔레비전은 저 혼자 떠들고 소파에 누운 그의 입은 반쯤 벙그러져 있다. 저이도 누군가와 장단을 맞추고 있는 게 분명하다. 나를 보자 흠칫 폰을 내려놓는데, 내 머릿속에는 순간 쓸데없는 의심과 호기심의 덩어리가 '딕셔너리 넘어가듯' 번뜩거리며 지나간다.

오늘 아침, 이 방 저 방이 분주하다. 이 방에서는 간밤의 뒷담이 이어지고 저 방에서는 모닝커피가 날아온다. 모임 공지가 뜨고, 심심한데 뭐하냐는 미국 친구의 카톡까지 꺼진 화로에 다시 불이 들어온다. 나는 아무 대꾸도 하지 않는다. 까닭없이 피곤하고 심드렁하다. 게다가 누구도 딱히 나의 대답을 기다리는 것도 아니다. 나는 눈으로만 훑어볼 뿐 침묵을 이어간다. 누가 혹시라도 물어오면 운전 중이라거나 아직 보지 못했다고 에두르면 된다. 아예 잠수를 타버리거나….

그런데 가만, 내 침묵이 쌓이기도 전에 저 침묵이 더 완강해질지도 모른다. 내 폰은 벌써 아무 기척이 없지 않은가. 오후가 되고 저녁이 되고 이윽고 밤이 되어도 끝내 살아날 기미라곤 없을지도 모른다. 굳게 다문 저 네모상자가 멀고도 아득하다. 설령 몸을 떨어 부르르 신호음을 보내와도 필요한 건 입이 아니라 손가락이다. 말이 아니라 글자다. 이제 우리의 만남은 얼굴은커녕 음성조차 갖고 있지 않은 문자의 층위에서 이루어지고 있다. 얼굴을 보며 서로의 표정을 읽어내야 하는 수고도, 굳이 목청을 가다듬을 필요도 없어졌다. 하지만 얼굴도 소리도 없는 세상은 뭔가 단단히 잃어버린 세계인 것만 같다.

이래저래 내 입에선 소리 한마디 새어 나오지 못한 채 하루가 가고 있다. 이러다간 진짜 산 입에 거미줄이 걸릴지도 모르겠다. 오, 그건 확실히 문제다.

헤드라이트

시간은 벌써 자정을 넘어가고 있었다. 나는 자꾸 시계를 흘끔거리다가 가만히 자리를 빠져나왔다. 왁자한 웃음소리를 뒤로하고 홀로 빠져나오기란 쉬운 일이 아니다. 전국에 흩어져 있는 친구들이 모처럼 회포를 푸는 자리가 아닌가. 어렵게 시간을 맞추고 의기투합하는 자리였는데 하필 일이 생기고 말았다. 나는 거의 참석을 못 하거나 한다고 해도 중간쯤에나 갔다가 끝나기도 전에 빠져나올 수밖에 없었다. 그래도 얼굴이라도 봤으니 그게 어딘가. 툭툭 미련을 버렸다.

리조트 밖은 고요했다. 바다는 어둠에 잠겨 있고 그 끝에 불빛이 가물거렸다. 바닷가를 따라 정갈히 다듬어 놓은 길이 멀리까지 구부러져 돌아갔다. 나는 잠깐이라도 저 길을 좀 걸어

볼까 하다 이내 관두었다. 대신 이다음 어느 날, 아직도 해가 중천에 있을 때쯤 이곳에 와서 밤이 깊도록 슬카장 놀다 가리라, 마음을 다독였다.

차를 찾아 주차장 쪽으로 가는데 건너편 언덕배기에 높이 솟은 건축물이 보였다. 서둘러 오느라고 미처 쳐다보지도 못했는데, 눈앞에 비상하는 새의 형상을 한 높다란 지붕이 푸르스름한 빛을 뿜고 있었다. 아마도 최근 지어졌다는 그 음악당인 듯했다. 세계적인 규모라고 알려진 저 클래식 음악당은 예술의 도시를 꿈꾸며 일궈낸 이곳 사람들의 긍지이자 자부심일 것이다.

한려수도 아름다운 해안, 그 경관만 해도 이미 천혜의 명소라 할진대 저토록 근사하고 우아한 공연장까지 두루 갖추고 있다니, 나는 걸음을 멈추고 생각했다. 이다음 어느 날, 저 음악당 객석에 앉아 감미롭고도 아리따운 시간을 한량없이 누려보리라, 다시 마음을 다독였다.

나는 사뿐사뿐 주차장을 향해 갔다. 어둑어둑한 주차장엔 차들이 빼곡했다. 이 많은 차는 도대체 어디에서 왔을까. 내 차는 또 어디쯤에 있는 건지. 나는 기우뚱기우뚱 두리번두리번 걸었다. 어둠 탓이기도 하고 내가 신은 하이힐 탓이기도 하지만, 문제는 발아래 깔린 잔돌들이었다. 아무리 살금살금 걸어도 무사히 통과하기는 쉽지 않았다. 우둘투둘한 바닥을 더듬어 겨우 차에 탔다.

시동을 걸고 내비게이션을 맞추었다. 지금부터 좀 세게 밟으면 두 시간 후쯤엔 집에 도착할 것이고 씻자마자 바로 누우면 서너 시간은 잘 수 있을 것이다. 헤드라이트를 켰다. 빛은 멀리까지 뻗어 나갔다. 순간 나는 멈칫했다. 불빛에 드러난 몇 개의 현수막이 뜬금없이 눈앞을 막아섰기 때문이다.

생존권을 보장하라
강제 수용 결사 반대
단결 투쟁

굵게 흘려 쓴 붉은 구호들이 허름한 집들 사이에 넝마처럼 걸려 있었다. 그것은 혈서처럼 붉고 맹서처럼 굳건해 보였다. 담벼락엔 〈민박집〉이라고 써놓은 글귀가 멀뚱히 나부끼고, 그 뒤로 곧 쓰러질 듯 숨죽인 집들이 낮게 웅크리고 있었다. 검게 솟은 나무그림자가 지붕들을 덮고 그 틈새로 신음처럼 낮은 음조가 흘러나오는 듯했다.

나는 갑자기 머리가 띵했다. 이 아름다운 항구에 저토록 완강한 외침이라니. 사정이야 어찌 됐건 아직 해결되지 못한 난제들이 밤을 새워 펄럭이고 있는 것이 아닌가. 문득 앞을 막아선 붉은 구호들이 우르르 나를 에워싸는 듯싶었다. 갈 길 바쁜 나그네일망정 사정이라도 좀 알아달라는 것인가. 붙들고 하소연이라도 하겠다는 건가. 느닷없이 억류당한 처지가 되어 꼼짝할 수가 없었다.

바다가 보이는 전망 좋은 방, 잘 닦인 산책로, 근사한 관람. 그런 것들이 어쩌면 저 구호들을 외면한 결과는 아닐까 머릿속이 복잡해졌다. 저 비장한 도발에 뒷덜미를 잡힌 듯 쉽사리 자리를 뜨기가 어려웠다.

나는 한참이나 불빛에 비친 현수막과 낮은 지붕들, 그 위로 펼쳐진 푸른 날개를 눈으로 더듬어 보았다. 어스름 스산하고 적막한 붉고 검은 밤. 나는 쫓기듯 가속페달을 밟았다. 바퀴 아래 잔돌들이 으스러지는 소리가 들렸다.

이웃사촌

이사 온 지 3년이 되었지만 특별하게 아는 이웃이 없다. 아침이면 나갔다 저녁이면 돌아오니 딱히 만날 기회도 없을뿐더러 생활에 불편이 있는 것도 아니다. 더러 승강기를 같이 타기도 하지만 짧은 목례를 주고받는 것이 전부다. 혹시 어린아이거나 강아지라도 안고 있는 경우엔 좀 다르긴 하다. 그럴 때면 공연히 반가워서 나도 모르게 호들갑스러워지곤 한다. '아유, 예뻐라' 소리를 연발하기도 하고, 굳이 몇 살인지를 물어가며 말을 걸어보기도 한다. 저렇듯 여린 것들에게는 뭔가 있는 게 분명하다. 그 앞에선 누구라도 마음을 놓게 되니 말이다.

내가 사는 아파트는 15층까지 있고 우리 라인에는 총 30가구가 살고 있다. 옛날 같으면 한 마을이고 한 골목인 셈이다.

그때 같으면 어느 집에 누가 살고 무슨 일이 있는지 훤히 꿸 수 있었겠지만, 지금은 모두 철옹성이다. 문이 닫히면 아무것도 알 수가 없다. 제각기 자기만의 공간 속에 자기만의 세상을 살아간다. 이웃사촌도 옛말이 된 지 오래다. 이웃도 사촌도 먼 데에 있을 뿐 차를 타고 나가거나 미리 약속하지 않으면 만날 수도 없다.

사정이 이렇다 보니 한 골목(한 라인) 사람이라도 데면데면할 수밖에 없는데, 최근 목인사라도 더 나누게 된 이웃이 생겼다. 나야 그럴 일이 없지만 남편은 밖에 서성거리는 일이 잦은 사람이다. 밤이건 낮이건 가리지 않는다. 몇 번씩을 거듭하면서도 싫증 내는 일도 없다. 춥거나 덥거나 비가 오나 눈이 오나 오직 한결같을 뿐이다. 간혹 압박감을 느끼기도 하는 모양이나 아직 모르쇠로 일관하는 중이다. 수십 년을 동고동락해 온 몸이니 끊으려야 끊을 수도 없을 거다.

하여튼, 밖에 나가 한참을 서성이다 오는 그가 연기만 내뿜고 오는 것은 아니라는 말이다. 나간 김에 음식쓰레기도 버리고 분리수거도 하고 온다. 흡연의 대가로 합당한 것인지는 모르겠으나 집안의 배출 문제는 전적으로 그의 몫이다. 덤으로 이런저런 '소식'들을 물어오기도 한다. 몇 호 사는 누구는 무슨 일을 하고, 취미는 무엇이며, 주말에는 무엇을 하고 지냈는지 마치 빨래터에 다녀온 아낙네처럼 듣고 온 것들을 쏟아놓는 것이다. 그 덕에 나도 여러 가지를 알게 되었다.

엊그제 이사 온 8층 남자는 전기공인데, 낚시가 취미여서 일하는 시간 빼고는 대부분을 낚시터에서 보낸다. 그래서 그의 차에는 항상 낚시도구는 물론이고 캠핑 장비까지 실려 있다는 것. 5층 아저씨는 인력관리소를 운영하는데 일자리가 필요한 사람에게 업체를 알선하고, 또 업체에서 요구하는 인력을 공급한다. 얼마 전엔 카페에 한 청년을 소개했는데 일을 시작하자마자 넘어져 다치는 바람에 그거 수습하느라고 스트레스 깨나 받고 있는 상황.

13층 여자가 언제나 개를 안고 다니는 이유도 알았다. 그녀의 품에는 볼 때마다 개가 안겨 있었는데 좀 유별나다 싶긴 했다. 그래도 그러나보다 했다. 나 역시 오랜 세월 개와 함께 살아온 사람으로서 이해 못 할 바도 아니기 때문이다. 그렇긴 해도 매번 찰싹 붙어 있지는 않는데, 저 끔찍한 사랑은 대체 뭐란 말인가. 이유는 간단했다. 집에서는 절대로 배설을 안 해서 어쩔 수 없이 밖으로 나갈 수밖에 없다는 것. 그렇구나. 그건 정말 어쩔 수 없겠네. 나도 간단히 이해했다.

그런 이야기를 들은 후여서 그런지 유독 그들이 눈에 띄었다. 분리수거장 앞 키 크고 빼빼 마른 남자가 담배를 물고 서 있거나, 낚시도구 같은 것을 차에 싣는 남자가 있으면 속으로 그 사람이겠구나 추측해보곤 했다. 어느 날 남편과 외출했다

돌아오면서부터는 나도 정식으로 인사하는 사이가 되었다.

크게 달라진 것은 없지만 나에게 약간의 변화가 생겼다는 점은 적어둬야 할 것 같다. 늘 무심한 듯 땅바닥을 향하던 마음이 조금 긴장하게 되더라는 것, 이제 '익명의 자유'는 물 건너갔구나 싶은데 그 자리에 새로운 호기심이 생긴 것, 그러면서 비로소 이 골목에도 사람이 사는구나 각성하는 것이다. 저마다의 사연을 가진 사람들이 층층이 모여서 저마다의 방식으로 살아내고 있다는 것, 그것이 문득 애틋하게 와닿았다. 이제야 각각의 표정이 보이기 시작한 것일까.

그런데 저건 뭐지? 이사용 사다리차가 우리집을 지나 높게 뻗어 있다. 세어보니 13층. 아, 오늘 그녀가 떠나가고 있구나….

빨간 모자

우리 동네 과일 파는 아저씨는 항상 빨간 모자를 쓰고 있다. 동네가 막 생겼을 때부터였으니까 올해로 근 20년이다. 그는 변함없이 길거리 노점에서 과일을 판다. 계절에 따라 종류는 달라져도 머리 위의 모자는 언제나 빨간색이다. 내가 아는 한 그는 한 번도 다른 색깔의 모자를 쓴 적이 없을 뿐 아니라 벗은 적도 없다. '빨간' 모자는 그의 트레이드마크다.

과일에 관한 한 그는 자타 공인 전문가다. 작은 키와 다부진 체구, 자신감 있는 목소리는 그가 파는 과일들까지 야무져 보이게 한다. 그가 골라주는 과일은 정말로 맛도 좋다. 한 번도 엇나간 적이 없다. 머리 위의 빨간 모자와 기운찬 음성과 싱싱한 과일들의 조합. 단골이 아니 될 수가 없다.

그가 장사를 쉬는 경우는 거의 없다. 주말 하루를 제외하고는 항상 그 자리를 지킨다. 아파트를 나와 상가 쪽으로 가면 덩치 큰 빌딩들이 우람하게 서 있고, 그 아래 인도에는 노점들이 즐비하다. 그는 빌딩 벽을 배경으로 벽화처럼 존재한다. 그는 살아있는 벽화다.

어느 날, 그 자리가 휑해 보였다. 거리는 평소와 다를 바 없는데 뭔가가 빠진 듯 허전해 보이는 것이다. 아, 그렇구나! 나는 단박 '빨간 모자'가 보이지 않는 것을 알아챘다. 무슨 일일까? 주변을 더듬어 보았다. 어디에도 보이지 않았다. 어디로 갔을까. 혹시 다른 데로 간 걸까? 더 목 좋은 곳을 찾아서? 아니면 새로운 일자리라도 생겼나? 그것도 아니면?

겨울이 가고 봄볕 따스한 날, 차를 타고 인근에 새로 생긴 쇼핑센터에 가는 길이었다. 사거리를 지나는데 훅 눈길을 붙잡는 게 있었다. 어? 빨간 모자! 그가 돌아왔다.
"안녕하세요? 근데 그동안 어디 갔다 오신 거예요? 통 안 나오셔서 궁금했어요."
다짜고짜 안부부터 물었다. 그는 구레나룻이 더부룩한 데다 안색은 누렇고 움직이는 것도 예전 같지 않았다. 눈길에 미끄러져 교통사고가 났었다고 했다. 팔다 남은 과일을 싣고 퇴근하던 밤, 눈은 내리고 길은 미끄러웠다. 조심한다고 했지만 모퉁이를 돌면서 그만 미끄러지고 말았다. 사과며 배들이 쏟아져 길바닥에 낭자했고 차도 박살이 났다. 그도 크게 다쳤다. 죽지 않은 것은 다행이었지만 손해가 이만저만이 아니었다. 한 계절 내내 병원 신세를 지고도 아픈 몸은 쉽게 낫지 않았다. 그렇다고 언제까지 돈만 까먹고 있을 수도 없는 노릇. 웬만하다 싶어지자 자리를 털고 일어났다.

"누워 있다고 해결이 되나요? 움직여야 살지요."

그는 다시 거리의 풍경이 되었다. 나는 지날 때마다 버릇처럼 그쪽을 돌아본다. 그가 있나 없나를 살피는 것이 내 임무처럼도 느껴진다. 그는 졸고 있기 일쑤다. 앉아서도 졸고 길가에 받쳐 둔 트럭 안에서도 존다. 꾸벅꾸벅 졸고 있는 그의 몸이 한없이 초라해 보인다. 그가 호객을 하거나 상한 과일 따위를 골라내는 모습은 보기 드물다.

그런데 오늘, 그의 모자가 유난히 돋보인다. 새뜻하고 짙은 빨강이 확 눈에 들어온다. 모처럼 새 모자를 샀나 보다. 머리에 쓴 모자가 칸나보다 더 붉다. 때마침 한 사람이 멈춰 선다. 그는 냉큼 손님에게로 달려간다. 봉지 가득 과일이 담기고 그가 환하게 웃는다. 빨간 그의 모자가 햇빛에 선명하다.

까마귀

그는 깃도 부리도 온통 검은색으로 뒤덮여 있다. 검지 않은 데가 한 군데도 없다. 그의 검은 외피는 딱하게도 슬프다. 목청마저 어둡고 탁하다. 그를 뜻하는 글자 '烏(오: 까마귀)'는 몸이 검어 눈이 어디 있는지 알 수 없어 '鳥(조: 새)'의 눈 부분 한 획을 생략한 글자라고 한다. 아닌 게 아니라 그 눈마저도 얼른 눈에 띄지 않는다.

그는 환대는커녕 배척당하기 일쑤였다. 사람들은 유독 그에게 인색했다. 그의 검은 날개는 저승사자의 옷자락이라도 된 것처럼 꺼리고 외면했으며, 굵고 거친 울음소리는 불행의 전조인 듯 불길하게 여겼다. 까마귀 노는 골에는 가지도 말라 선을 그었고, 오비이락烏飛梨落이라 억울한 누명을 씌웠다. 그뿐인가. 해야 할 일을 까맣게 잊어버리고는 공연히 까마귀 고기를 먹었다느니 애먼 탓을 했다.

 이쯤 되면 그의 명예는 송두리째 훼손되고 말아 존재 자체를 부정해야 할지도 모르지만, 그렇지는 않았다. 아득히 먼 이야기이긴 해도 그는 태양신의 사자로서 신들의 전령으로 모셔졌고, 삼족오三足烏라 불리며 국조로 대접받기도 했다. 견우직녀 애틋한 사랑에 기꺼이 헌신했으며, 반포지효反哺之孝라 극진한 효성을 보여주기도 했다. 그뿐인가. 썩은 것들을 먹어치워 환경 정화에 일조했고, 장대 위에 높이 올라 희망의 메신저가 되기도 하였다.

 나는 산을 오르고 있었다. 산에는 바람도 없고 구름도 없고 사람도 없었다. 보이는 것은 하늘과 나무와 마른 풀들, 들리는 것은 새소리뿐이었다. 새소리는 맑고 투명하고 여리고 부드러웠다. 아무것도 섞이지 않은 본래 그대로 내 안의 어둠을 살뜰히도 거두어 갔다. 가붓해진 발걸음이 사뭇 경쾌했다.

 어느 순간 발소리도 안 들리고 새소리도 안 들렸다. 천지사방에 고요만 가득 찼다. 그 사이로 불쑥 한 소리가 들렸다. 나뭇가지들이 출렁 흔들리고 고요도 저만치 달아났다. 검은 새 몇 마리가 머리 위에서 푸드덕거리고 있었다. 까악까악까악까악…. 온 산을 휘저어 놓고도 전혀 개의치 않았다. 까악까악까악까악…. 물색없이 큰 소리에 푸시시 웃음이 나왔다. 그러고 보니 그는 웃기는 재주도 있었구나….

이윽고 널찍한 산마루. 묵화처럼 아름다운 능선과 탁 트인 시야가 호연히 푸르렀다. 언제 왔는지 사람들도 제법 있었다. 멀리 산자락을 바라보고 있거나 뭔가를 먹고 마시거나 도란도란 담소 중이었다. 나는 표지석을 지나 중앙에 세워진 높다란 돌탑 쪽에 앉았다. 몸도 마음도 느슨하게 산 위의 시간을 즐겨볼 참이었다. 한겨울, 높이 1500미터가 넘는 고산인데도 마치 양지바른 담장에 기댄 듯 나른하고 따스했다.

몇 발쯤 떨어진 바위 위, 까마귀 한 마리가 먹이를 쪼고 있었다. 사람들이 던져준 빵이며 귤 따위였다. 그는 먹는 틈틈이 이쪽을 노려봤다. 난간 기둥에 먹을 것을 올려놓으면 알았다는 듯 잽싸게 낚아채 가곤 했다. 먹이를 채는 그의 동작은 날래고 재빨랐다. 나도 뭔가 던져주고 싶었지만 아쉽게도 줄 만한 게 없었다.

한 까마귀는 돌탑 위에 앉아 있었다. 돌탑 가운데 뾰족이 솟은 바위 끝에 앉아 어느 먼 곳을 응시하고 있는 것 같기도 하고, 나를 주시하는 것도 같았다. 그는 숫제 솟대처럼 솟아 있었다. 검푸른 하늘은 그의 후광이었다. 그의 날개는 접혀 있었고, 굳게 다문 부리는 과묵해 보였다. 그의 눈은 광야를 달려

온 무사의 안광인 듯 빛났으며, 그의 몸은 오묘한 광채를 발하였다. 그의 자세는 흔들림이 없었고 어떤 두려움도 없어 보였다. 그는 정지하고 있지만 언제라도 창공을 날 것처럼 보였다.

어떤 까마귀는 먹이를 쫓고 어떤 까마귀는 솟대가 되었다. 먹이를 쫓다가 솟대가 되기도 하고, 솟대였다가 먹이를 쫓기도 하였다. 어떤 순간은 비루하고 어떤 순간은 숭고해 보였다. 사람들은 먹이를 쫓는 자에겐 먹이로 희롱하고 높이 좌정한 자에겐 머리를 조아렸다.

하늘 창창하고 햇볕 따뜻하고 바람 개운한 날, 널찍한 산마루 높다란 돌탑 위에 까마귀 한 마리 앉았다가 다시 저 아래 난간으로 핑하니 날아간다.

'호떡'이 있는 풍경

우리 마을에는 일주일에 두 번 '호떡 차'가 옵니다. 시내와 인접해 있기는 하지만 한적한 시골처럼 외떨어져 있는 데다 입주한 지 얼마 안 되어서 아직 없는 게 더 많은 동네거든요. 물론 생활에 크게 불편을 느낄 정도는 아니지만(어디건 무엇이건 배달 가능한 시대이니까요) 때마다 일어나는 욕구가 다 채워지지는 않는 것 같습니다. 이를테면 간단한 군것질거리라든가 그때그때 이용할 수 있는 가게가 몇 개쯤 더 있어도 좋겠다 싶은 거죠.

그게 통했는지 '호떡'이라는 두 글자를 크게 내건 트럭 한 대가 이곳을 찾아옵니다. 호떡을 굽고 어묵을 조리할 수 있도록 특별하게 개조한 푸드 트럭입니다. 선거철에 드나들던 그 시끌벅적 요란하던 것과 달리 조용하고 소박한 꾸밈새가 얼마나 반갑고 정다운지요. 붉게 밝힌 두 글자는 확성기보다 또렷하고 더 당당해 보입니다. 소리 없는 등장에도 눈에 띄는 위풍이 느껴지기도 합니다. 아마도 '호떡 차'의 주인은 우리에게 파격이 필요하다는 걸 아는 사람인지도 모르겠습니다. 지루한 오후에 '별미'를 제공해줄 뿐 아니라 생기를 불어넣기도 해주니까요.

일주일에 두 번, 저도 시간 맞춰 밖으로 나갑니다. 오후 서너 시, 눈은 침침 뱃속은 출출 엉덩이는 들썩들썩, 잠시 콧바람이라도 쐬고 와야 할 시간입니다. 도대체 언제쯤 산책이란 걸 하게 되나 종일 그것만 바라고 있는 우리 '견공'에게도 한계점에 다다른 때입니다. 게다가 저 '호떡 차'는 어떻게 제가 쉬는 날을 딱 맞춰 오는지요. 괜스레 고맙기도 하고 미안하기도 해서 아니 나갈 수도 없습니다.

밖으로 나온 저는 먼저 아파트 후문 쪽으로 갑니다. 차가 와 있는지 미리 확인하기 위해서죠. 왕래하는 사람이 조금이라도 더 있기로는 가게들이 모여 있는 정문 쪽이 낫지만, 그쪽은 아무에게나 허용되는 곳이 아닌가 봅니다. 처음엔 으레 그쪽에 자리를 잡았으나 곧장 쫓겨나오고 말았다는군요. 이쪽은 아무에게도 방해가 되지는 않을 것 같긴 합니다. 피해를 줄 가게도 없고 차들의 통행량이 많은 것도 아니니까요. 하지만 드문

드문 산책 나온 사람들이나 몇 있을 뿐인데, 혹시 몇 개 팔지도 못한 채 빈손으로 돌아가는 건 아닐까요? 지레 걱정이 앞섭니다.

'호떡 아저씨'가 호떡을 굽고 있습니다. 다행히 손님도 두어 사람 그 앞에 서 있군요. 엊그제 비 오고 바람 많이 불던 날은, 아무도 없는 그 자리가 얼마나 횅해 보이던지요. 오늘은 날씨가 좋아서 천만다행입니다. 저만치서 또 한 사람이 오고 있네요. 저는 우선 발길을 돌리려고 합니다. 주변을 한 바퀴 천천히 걷고 와도 좋겠습니다. 고흐와 고갱, 클림트와 모네의 그림들이 나란히 전시(설치)된 담장 옆을 지나, 아카시아꽃 하얗게 핀 개천을 지나, 다리 건너 한창 개업 준비 중인 '삼겹살과 파스타' 가게를 지나, 다시 이곳으로 돌아오고자 합니다. 그 사이 해는 기울고 붉게 켜놓은 '호떡'의 불빛도 더 짙어져 있겠네요.

그런데요. 호떡, 하면 왠지 따스한 정감이 느껴지지 않나요? 그립고 그리운 추억의 한 장면처럼 말이에요. 앞의 '호胡'라는 글자가 중국식임을 선포한 듯하지만, 호호 불며 먹던 뜨겁고 달콤한 맛은 이미 우리 입맛을 사로잡아 버린 지 오래입니다. 밀가루 반죽에 설탕과 계피로 맛을 낸 그 단순한 음식은, 가난한 우리들의 '소울 푸드'였다고 할까요. 학교 앞 포장마차에는 늘 호떡이 구워지고 있었습니다. 구수한 냄새에 도무지 그냥 지나갈 수 없었던, 반질반질한 철판 위에 지글지글 노릇노릇,

그 동글납작한 것의 맛을 어찌 잊을 수 있을까요.

 트럭 앞에는 아까보다 더 많은 사람이 모여 있습니다. 얼핏 예닐곱쯤은 되는 것 같습니다. 그새 온 동네에 소문이라도 난 걸까요? 공연히 기분이 좋습니다. 한데 손님은 거의 어른들로 보입니다. 혹시 옛날 엿장수 가위질 소리에 집안의 고물들 찾아들고 부리나케 달려나가던 그 아이들이 다시 돌아온 걸까요? 아니면 길 가다 사 먹었던 그 호떡 맛이 새삼 그리워졌을까요? 줄지어 선 사람들의 얼굴에 웃음이 가득합니다.

 '호떡 아저씨'의 손길도 분주하게 움직입니다. 늙지도 젊지도 않은 그의 표정에는 수줍은 듯 엷은 미소가 스며들어 있습니다. 굽은 듯 수그린 어깨가 조금 무거워 보이기도 합니다. 자녀가 있다면 중고등학생쯤 되겠다 싶군요.

 철판에서는 호떡이 노릇노릇 뜨겁게 구워지고 있습니다.

나비에게 묻고 싶은 것

TV 채널을 돌리다가 문득 주춤했다. 거대한 코뿔소 한 마리가 쓰러져 있고 주위에 사자들이 여남은 마리나 몰려 있는 화면에서였다. 그들의 표정은 매우 흡족해 보였다. 왜 아니겠는가. 물고 뜯고 충분히 배 불릴 먹이가 바로 앞에 있지 않은가.
 정작 눈길을 붙잡는 것은 따로 있었다. 나비! 그건 분명히 나비들이었다. 하늘하늘 얇은 날개를 팔랑거리며 꽃밭을 날아다니는 나비 말이다. 그 나비가 시커먼 코뿔소의 몸 위에 떼 지어 내려앉아 있는 것이다. 내레이터는 코뿔소 사체에 아주 훌륭한 영양분이 있다고 말했다. 나비는 지금 그것을 빨아 먹는 중이라고. 그러니까 나비는 죽은 코뿔소에게 날아들어 그의 검붉은 시즙屍汁을 포식하는 중이었다.

선뜻 믿기지 않는 광경이었다. 내 머릿속의 나비는 언제나 꽃밭을 날고 있었다. 나에게 나비는 꽃향기나 이슬 같은 것을 먹고 사는 정갈하고 고상한 족속이었다. 하늘거리는 날개가 곱고 어여쁘고 사랑스러운 존재. 그야말로 나비는 화려한 색채와 춤을 추듯 우아한 날갯짓을 자랑하는 '아름다운' 곤충의 대표 주자가 아니던가. 그런 나비가 어떻게 죽은 코뿔소 따위를 탐낸단 말인가. 사자나 호랑이라면 얼마든지 그럴 수 있다 쳐도, 설마 나비가?

긴가민가 휘둥그레 화면을 바라봤다. 놀랍기도 낯설기도 하고 사뭇 기괴하기까지 했다. 자연의 생태를 보고하는 다큐멘터리를 두고 틀렸다고 할 수도 없고, 묘한 배반감에 한참을 헷갈린 채로 있었다. 그리고 하나 알게 된 게 있었다. 세상엔 참 이상한 것도 많구나. 나는 하나만 알고 둘은 모르는구나!

나비는 처음부터 나비였을까? 그렇진 않다. 나비는 아주 작은 알이었다가 애벌레였다가 번데기였다가 성충(나비)으로 변신한 곤충의 일종이다. 꿈틀꿈틀 바닥을 기다가 두 날개로 훨훨 공중을 날게 된 우화의 주인공이기도 하다. 벌레에서 나비로의 변신은 엄청난 비약이다. 하찮고 징그러운 벌레에서 사랑스럽고 아름다운 존재로의 눈부신 전도顧倒. 그러나 그들이 하나라는 사실을 어떻게 믿는단 말인가.

옛날 어떤 선비도 나비를 보며 이런 대화를 나누었던가 보다.

바야흐로 꽃과 풀들이 한창인데, 온갖 나비들이 와서 즐기고 있었다. 흰 가루분을 바르고 붉은 점을 찍은 것도 있고, 날개는 검고 눈이 붉은 것도 있으며, 누런색인 것도 있고 담청색인 것도 있으며, 오색이 갖추어진 것도 있었다. 나비를 잘 아는 사람이 낱낱이 그 이름을 알려주었다. 또 그 꿈틀거리며 움직이는 모양을 아주 자세히 일러주고는 앞에다 침을 뱉고서 이렇게 말하였다.

"자네는 좋아할 것 없네. 저것들의 근본은 아주 추하여 가까이 할 수 없다네."

내가 말하였다.

"아! 아니다. 자네는 벌레는 벌레로 여기고 나비는 나비로 여기는 것이 옳지 않은가? 그런데 하필 왜 나비를 벌레라고 하는가? 이것은 대장군이 된 '위청'을 노비로 여긴 것이요, 충성스럽고 의리가 있는 '주처'를 패륜아로 여긴 것이며, 문장력이 있는 '곽원진'을 도둑이라 여긴 것이나 마찬가지네. 자네는 개구리의 꼬리를 탓하고 비둘기의 눈을 의심하고자 하니, 자네의 앞에 용인되기가 어렵겠구려."

— 李鈺,《백운필》중에서

우리가 흔히 알고 있는 것처럼 나비는 주로 꿀을 먹고 살지만, 어떤 나비는 나무의 진액을 먹고 살고, 어떤 나비는 새똥 등의 동물 분비물을 먹고 산다. 동물의 사체에서 흘러나온 액을 빨아먹는 나비도 있고, 사람의 땀 냄새를 좋아하여 등산객에게 날아드는 나비도 있다고 한다. 어떤 나비는 진딧물이나 깍지벌레를 잡아먹기도 하고, 개미와 공생하면서 개미의 애벌레까지 먹어치워 개미의 씨를 말리는 나비 애벌레도 있다고 한다.

무릇 벌레는 박대하고 나비는 환대하는 것이 인지상정이라 하지만, 나비가 벌레고 벌레가 곧 나비임에랴. 아니다. 나비는 나비고 벌레는 벌레인지도 모른다. 다만 보는 자의 시선이 있을 뿐 나비도 벌레도 아무 말이 없는 것이다.

그러나 아무 말이 없어도 가끔 묻고 싶기는 하다. 벌레와 나비는 하나일까, 둘일까? 아니면 하나이면서 또한 둘일까?

개구리 울음을 듣는 밤

　문득 바깥의 분위기가 예사롭지 않다는 느낌이 들었다. 밤하늘 가득히 울리는 크고 성성한 소리. 맹렬하게 들끓는 소리 같기도 하고 뭔가 기세 좋게 다가오고 있는 것 같기도 했다. 뭐지? 설마 개구리? 고개를 갸웃거릴 필요도 없이 그건 개구리 울음소리였다. 너무나 익숙한 소리였으나 잊은 줄도 모른 채 잊고 있던 소리, 귀가 쟁쟁하도록 들었던 소리였다. 뜬금없는 해후가 몹시도 반가웠다.
　밖으로 나왔다. 좀 더 가까이 영접해야 하지 않겠는가. 개천이 인근에 있으니 녀석들은 당연히 그곳에 있을 거다. 밤이 깊었지만 울음소리를 따라 천천히 물가를 걸어봐도 좋겠다. 그러나 굳이 거기까지 갈 필요가 없어졌다. 승강기를 내려 불과 몇 미터도 못 가 걸음을 멈추어야 했다. 소리의 진원지는 뜻밖에도 아파트 안의 인공연못이었기 때문이다.

밤의 연못은 온통 개구리들 세상이었다. 와글와글 떠들어대는 소리가 귀청을 울렸다. 주민들 서넛이 벤치에 앉아 담소를 나누고 있었으나 알아듣기 어려웠다. 한꺼번에 내지르는 우렁우렁한 함성에 누구도 대적하기는 어려워 보였다. 녀석들은 지금 세상의 모든 소리를 평정해버리고서 바야흐로 개구리 왕국을 건설 중인지도 몰랐다.

희미한 어둠 속, 개구리들은 울다 그치기를 반복하며 쟁쟁하게 세를 과시했다. 진두지휘하듯 먼저 한 녀석이 울기 시작하면 나머지 녀석들도 와르르 뒤따라 울었다. 운다고 했지만 실은 짝을 찾는 구혼가라고 한다. 세상의 수컷들은 모두 자식을 낳을 수 없다는 약점을 안고 있거니와 그것을 극복하기 위해서는 어떻게든 암컷의 마음을 사로잡아야 한다. 게다가 선택권은 무릇 암컷에게 있는 것이어서 역시 경쟁력을 발휘해야만 한다. 수컷들의 온갖 복잡하고 다양한 구애 행위는 그로부터 비롯된다.

미끈미끈한 피부와 유난히 긴 뒷다리와 툭 튀어나온 눈, 큰 입과 날렵한 혀를 가진 개구리 수컷도 필사적인 구애 작전을 펼친다. 턱 밑에 울음주머니를 장착하고서 부풀렸다 오므렸다를 반복하며 더 크고 더 우렁차게 구혼가를 부른다. 그러나 혼자가 아니라 와글와글 모두 함께 부른다. 짝을 찾는 일도 중요하지만 잡아먹히지도 않아야 하기 때문이다. 사방에서 한꺼번에 와글거리게 되면 어느 놈을 조준해야 할지 포식자로서도 헷갈릴 수밖에 없을 것이다.

맑고 서늘하고 촉촉한 밤, 한밤중의 세레나데는 그칠 줄을 모른다. 잠잠한가 싶으면 다시 터져 나오고, 한껏 고조됐다 싶으면 어느새 뚝 그친다. 그러기를 밤이 새도록 계속할 모양이다. 삶은 이토록 애타는 사랑이며, 온몸으로 지켜내야 하는 목숨 같은 거라고 간절히 외쳐보는 것인가. 저 울음을 듣고 또 듣는다.

듣고 있노라니 공연히 걱정이 앞선다. 산으로 둘러싸여 있기는 해도 아파트 한가운데가 아닌가. 지금은 물이 고여 있다고 해도 언제 말려버릴지 모르는 인공연못이 아닌가. 게다가 저놈의 개구리들 시끄러워 죽겠다고 툴툴거리며 지나가는 소리를 방금도 듣지 않은가.

몇 년 전의 일도 기억난다. 어느 학교 연못에 개구리들이 모여 살았는데 바로 옆 아파트에서 민원이 들어왔다. 시끄러워서 잠을 잘 수 없으니 개구리들을 없애 달라는 것. 그래서 학교는 연못의 물을 말려 개구리들을 내몰아버렸다는 씁쓸한 이야기다.

장유(1587~1638) 선생의 글에도 개구리 소리가 너무 시끄러워 책도 읽지 못하고 거문고도 타지 못하는 사람이 나온다. 그는 재를 뿌려 개구리를 죽이려고도 해보지만 뜻대로 되지 않아 고민이다. 그러자 듣고 있던 나그네가 말한다.

"이 우주에는 만물이 어울려 살면서 각자 형체와 기운을 받아 제 본연의 소리를 내거늘… 어찌 그 많은 움직임과 모양과 소리를 그대가 즐길 거리로 삼을 수 있겠으며, 어찌 저 만물이 제 천성을 바꾸어 그대의 눈과 귀만 즐겁게 해줄 수 있겠는가."

세상 만물은 각자의 형체와 조건을 타고났건만 다른 것의 존재 의의를 부정한 채 인간만이 중하다고 여기는 태도는 옳지도 않고 현명하지도 않다는 말씀. 타고난 천성을 인정하고 그 차이를 받아들여 서로 어울려 살아간다면, 개구리 울음은 시끄럽게만 들리는 소음이 아니라 오히려 자신을 반성하고 각성케 하는 깨달음의 소리가 될 것이다.

사정을 아는지 모르는지 개구리들 합창 소리 밤하늘에 쟁쟁하다.

행복한 이야기

누가 내게 '행복'이란 무엇인가 묻는다면? 선뜻 대답하기는 어려울 것 같다. 약간 당황스러운 표정을 짓거나 글쎄 그게 뭘까 오히려 되물어볼 확률이 높다. 누구나 원하는 것인 줄도 알겠고, 좋은 것인 줄도 알겠고, 궁극의 무엇이라는 것도 알긴 알겠는데, 바로 이거야! 라고 명확한 답변을 내놓기는 쉽지 않다는 말이다. 딱히 손에 잡히는 것도 아니고 눈에 보이는 것도 아닌, 있다고도 할 수 없고 없다고도 할 수 없는 저 마음의 움직임을 몇 마디의 말로써 표현해낼 엄두는 나지 않는다. 대신 알려진 이야기 몇 편을 꺼내 답을 찾아보는 것도 좋겠다.

먼저 '행복한 한스' 이야기. 사실 '행복한 한스'는 '어리석은 한스' 혹은 '바보 한스'라고 해야 맞지 않을까 싶은 좀 터무니없는 이야기다. '한스'는 7년 동안 열심히 일한 대가로 받은 황금 한 덩어리를 이러저러한 이유로 자꾸 다른 것들과 바꾸어 나가다 결국은 빈손이 되어버렸기 때문이다. 그래놓고도 콧노래까지 흥얼거리며 자신이야말로 세상에서 가장 행복한 사람이라고 기뻐하고 있으니, 과연 제정신인가? 묻고 싶어진다. 물론 고향까지는 아직 멀고 먼 데다 출발할 때와는 달리 몸과 마음도 천근만근 무거워져 아무리 황금이라도 던져버리고 싶었을 것은 이해가 된다. 지치고 힘들 때는 모든 게 다 귀찮은 법이니까. 그렇더라도 그 금덩이를 정말로 다른 것과 바꾸어 버린다? 그렇게 하기는 어려울 것이다. 그 금덩이로 말할 것 같으면, 그동안의 자신의 노고는 물론 고향의 어머니까지 모든 것을 보상해줄 가장 강력한 조건이지 않은가 말이다. 하지만 '한스'는 보기 좋게 우리를 넘어선다. 금덩이에서 말 한 마리로, 말에서 암소로, 암소에서 돼지로, 돼지에서 거위로, 거위에서 숫돌로, 숫돌에서…. 그렇게 탈탈 빈손이 된 '한스'는 아쉬움은 잠깐, 한결 가벼운 마음으로 콧노래를 부르며 고향의 어머니에게로 돌아가는 것이다.

다음은 '행복한 왕자'. 그는 부유하고 모자람 없이 살아온 궁전의 왕자였다. 죽은 후 거리의 동상이 되어서야 비로소 도시의 온갖 불행과 가난을 마주하게 된다. 어느 날 뒤늦게 남쪽 나라로 날아가던 제비가 왕자의 동상에 앉게 되고, 왕자는 제비에게 어려운 사람들을 함께 도와달라고 간청한다. 제비는 왕자를 대신해 차례차례 그의 몸을 치장하고 있는 보석들을 떼어다 힘든 이웃들을 돕는다. 그러다 돌아갈 시기를 놓친 제비는 그만 추위로 얼어 죽고, 다 떼어내 볼품없어진 왕자의 동상 역시 쓰레기통으로 던져진다. 어느 날 신이 천사를 불러 지상의 도시에서 가장 존귀한 것을 두 가지만 가져오라고 한다. 천사는 쓰레기통 속에서 왕자의 녹슨 심장과 제비의 시체를 가지고 간다. 그러자 신은 흡족해하면서 이들을 축복했다는 이야기.

'행복한 청소부'는 거리 표지판을 닦는 청소부 이야기다. 주인공은 날마다 바흐, 베토벤, 하이든, 괴테, 브레히트 등 음악가와 시인들의 거리 표지판을 닦는 일을 한다. 그는 아주 성실한 청소부였으며 자기 직업에 만족하는 사람이었다. 어느 날 그에게 엄청난 변화를 불러오는 일이 생겼다. 한 아이와 엄마가 주고받는 말을 들으며 자기가 매일 닦는 표지판의 주인공들, 즉 예술가들에 대해 아무것도 모르고 있다는 것을 깨달은 것이다. 그날부터 청소부는 음악회와 오페라 공연에도 가고 거실에 앉아 밤새 음악을 들으면서 그 주인공들을 알아간다.

도서관에 가서 작가들이 쓴 책들을 읽으며 깊은 생각에 잠기기도 하고, 예술가들에 관해 쓴 비평서까지 읽게 된다. 어느 날부터는 멜로디를 휘파람으로 불고 시를 읊조리며 가곡을 부르고 읽은 소설을 다시 이야기하면서 청소를 한다. 지나가는 사람들이 그것을 듣고는 깜짝 놀라 걸음을 멈추게 되고 마침내 텔레비전에 소개될 정도로 유명인사가 된다. 심지어는 네 군데 대학에서 강연을 요청해 오지만 곧 거절하는 답장을 쓴다. "나는 종일 표지판을 닦는 청소부입니다. 강연을 하는 건 오로지 내 자신의 즐거움을 위해서랍니다. 나는 교수가 되고 싶지 않습니다. 지금 내가 하는 일을 계속하고 싶습니다. 안녕히 계세요."

'행복한' 세 편의 이야기. 이 이야기들은 각각 행복이 어디에 있는지를 말해주는 것 같다. '한스'는 가볍고 후련한 몸과 마음에, '왕자님'은 나누고 베푸는 자비의 실천에, '청소부 아저씨'는 스스로 깨우쳐 나가는 자기실현의 과정에 있는 것이라고. 마음이 개운할 때 행복하고, 애틋하게 사랑할 때 행복하며, 배우고 성장할 때 행복하다고. 행복은 가뿐하고 따스하며 뿌듯하게 와닿는 것이니, 부디 마음을 잘 다스리라고….

2부

★을 훔치다

맨발의 자유

여름은 뜨겁고 축축한 계절이다. 태양은 떠오르기 바쁘게 이글거리기 시작하고 온몸은 솟아오른 땀으로 금세 축축해지기 일쑤다. 선풍기도 에어컨도 달갑지 않은 나는 문명의 이기利器를 눈앞에 두고도 소 닭 보듯 덤덤할 뿐이다. 가끔 선풍기를 틀어 바람을 일으켜보기도 하지만, 까탈스러운 내 몸은 그마저도 꺼리는 기색이다.

저물녘의 운동장은 이래저래 지친 심신을 다시 살아나게 해준다. 사방이 툭 터져 시원하기도 하고, 붉게 깔린 노을의 장관을 볼 수도 있으며, 무엇보다 맨발의 자유를 누릴 수 있기 때문이다. 하천부지에 조성된 널찍한 운동장은 야구장이 3개, 축구장이 2개나 되는 드넓은 공간이다. 물길 따라 길게 자전

거 길이 뻗어 있고, 주변의 풀숲에는 벌레들이 숨어 산다. 아무 것도 덮이지 않은 맨땅 그대로 오롯이 운동하는 사람들을 위한 공간이지만, 주말을 제외하곤 비어 있을 때가 대부분이다.

 운동장에 들어서면 곧장 신발을 벗고 맨발을 내민다. 내내 아무렇지도 않던 두 발이 갑자기 무겁고 거추장스럽기도 하거니와, 맨땅을 보면 어쩐지 맨발이 되고 싶은 욕구가 치솟는다. 모든 동물이 그렇듯이 맨 처음 인류도 맨발이었을 것이니 그 원시의 추억이 되살아난 것인지도 모르겠다. 맨발로 맨땅을 밟는 순간의 서늘한 쾌감은, 벗어버림으로써 느낄 수 있는 자유의 감각이다. 내 발은 어느새 대지와 교합을 이룬 듯 맨땅을 활보한다.

 신발은 발을 보호하기 위한 실용적인 목적에서 만들어졌지만, 또 하나의 패션일 뿐 아니라 그 이상의 의미를 지닌다. 신데렐라의 드레스를 완성하는 것은 드레스를 꾸민 화려한 장식이나 왕관이 아닌 '유리 구두'였듯이, 신발은 자기 정체성을 드러내는 사회적 기호로도 작용한다. 어떤 모양, 어떤 재질, 어떤 색상, 심지어는 어떤 브랜드의 신발을 신었느냐에 따라 각각의 위상이 달라 보이기도 한다. 신발은 패션의 디테일과 센스를 돋보이게 해주는 문명의 산물임이 분명하지만, 한편으로 진짜 발을 가리운 사회적 페르소나 혹은 포즈에 가까울 수 있다. 자기만의 개성을 표현하고 세상을 더 자유롭게 활보할 수 있도록 해주지만, 반면 우리를 옥죄는 억압이 될 수도 있는 것이다.

맨발은 그러한 모든 것을 벗어 던진 상태다. 아무것도 더하지도 걸치지도 않은 맨발이 됨으로써 진짜 나를 만나는 것이다. 맨발과 맨땅 사이의 그 직접성을 만끽하며 저 옛날 원시의 숲에서 뛰놀던 때처럼 대지의 숨결을 느껴보는 것이다. 자연과의 직접적인 교접을 통해 아직 그 품 안에 있음을 기꺼이 확인하는 것이다.

비 오는 날, 혹은 갠 지 얼마 안 된 날의 맨발은 한결 자유롭다. 웅덩이를 찰박거리거나 발가락 사이로 피어오르는 흙반죽의 보드라운 감촉을 느낄 때면, 저 유년으로 돌아간 듯 해찰하기 바쁘다. 말랑말랑 감미롭고 서늘한 촉감을 즐기느라 시간 가는 줄을 모른다. 물기 촉촉한 운동장을 맨발로 찰박거리다 보면 어느새 나도 맨발의 춤꾼이 된다.

가수 이은미의 공연을 본 적 있다. 도심 공원에 자리한 야외무대에서였다. '맨발의 디바'라는 별명답게 그녀의 발에는 아무것도 신겨 있지 않았다. 그녀의 맨발은 가볍고 시원했으며 자유롭고 당당해 보였다. '킬힐'로 이루어내는 아찔한 각선미보다 납작하게 내려앉은 맨발의 평평함에 오히려 당당한 매력이 있었다.

붓다의 일생은 숫제 맨발로 상징된다. 탄생부터 열반까지 모두 길 위에서 이루어진 맨발의 삶이었다. 룸비니 동산의 길 위에서 태어나, 수행을 위하여 맨발로 출가하였으며, 깨달음을 얻은 다음에도 맨발로 가르침의 길을 떠났다. 45년의 긴 세월을 길 위에서 맨발로 중생들을 만나 가르치다 길 위에서 열반을 맞았다. 전통적인 발레복이나 토슈즈 없이 맨발로 춤을 추었던 이사도라 덩컨, 80년대 민주화 운동의 현장에 함께했던 춤꾼 이애주, 만신 김금화, 전위무용가 홍신자…. 그들 역시도 맨발이었다.

여름날의 저녁, 신발을 벗고 맨발로 걷는다. 맨몸이 될 수는 없으니 맨발로라도 대지의 숨결을 느끼며 자연의 존재로 돌아가 본다.

춤의 이유

 학교 운동장의 축제 마당. 날씨는 쾌청하고 하늘엔 만국기가 펄럭인다. 운동장 가운데 마련된 축제 무대는 커다란 달팽이 그림으로 꾸며져 있다. 웃고 있는 달팽이는 색채도 표정도 날아갈 듯 가볍다. 쿵쿵, 경쾌하고 발랄한 음악에 덩달아 신이 난 것 같다. 여학생 한 명이 무대 위로 오른다.

 무대 위의 여학생은 고개를 숙이고 음악이 나오기를 기다리는가 싶더니 서서히 움직이기 시작한다. 머리를 젖히고 어깨를 들썩이며 팔다리를 까불대고, 그리고 온몸을 요동한다. 무대 아래서도 뜨거운 함성이 터진다. 춤은 더욱 격렬해진다. 하, 저 작은 몸 어디에서 저토록 강렬한 에너지가 뿜어져 나오는 것일까.

쏟아지는 음악에 어깨가 들썩인다. 쿵쾅쿵쾅 심장이 울린다. 햇살도 푸르게 출렁인다. 난데없이 목이 멘다. 눈시울이 뜨거워진다. 춤추는 저 애의 몸짓은 더없이 발랄한데 나는 왜 목이 메어오는 것일까. 눈에는 눈물까지 차오른다.

언젠가 시내 백화점에 갔을 때였다. 음악 소리가 요란했다. 소리의 출처는 정문 쪽에 마련된 특설무대. 'OO사단 신인 발굴 오디션'이라는 현수막이 걸려있고 관객도 겹겹을 이루었다. 무대 위로 호명된 아이들은 대부분 중고등학교 학생인 듯했다. 그들은 자신의 춤과 노래, 끼와 재량을 한껏 뽐내는 중이었다.

나는 한참을 구경하며 서 있었다. 그런데 그들의 춤을 마주한 순간 뭔가 뭉클해지는 것이 있었다. 뭘까? 이 돌연한 느낌은? 가슴이 벅차오는 것도 같고 뭉근하게 아픈 것 같기도 한, 흐뭇하기도 하고 기꺼운 것도 같은 이 야릇한 것은 대체 뭐지?

다시 축제 마당. 무대는 숫제 한 덩어리가 되어 움직인다. 운동장이 들썩이고 교실이 덩실거린다. 달팽이는 여전히 입을 다물지 못하고 있다. 춤꾼도 관객도, 무대 위도 무대 아래도 흥건하게 취해 있다. 모두가 신나는 댄스파티 한마당.

이윽고 격렬한 춤사위도 멈추고 음악도 잦아들었다. 무대 위엔 다음 팀이 올라와 있고, 나는 예의 감흥에서 아직 벗어나지 못하고 있다. 그 틈에 바로 전 그 아이가 내 옆을 지나간다. 머리칼이 젖어 있다. 훅, 땀 냄새가 끼쳐 온다. 나는 문득 그에게 묻고 싶다. 그토록 격렬하게 너를 흔드는 것이 무엇이냐.

그런 적이 또 있다. 전위무용가 H의 글을 읽을 때였다. 나는 만삭이었고 두 번째 아이였다. 피로와 우울, 알 수 없는 허기로 나를 방기하고 있을 때, 그때 그녀를 읽었다. 무엇보다도 그녀는 제 존재에 열중했다. 스물일곱에 영문학도에서 무용학도로 변신, 서른셋에 세계 전위 무용의 본산인 뉴욕 무대에 화려하게 데뷔했다.

"노래 부르고자 하는가? 그러나 그대 자신이 노래해서는 결코 안 된다. 삶의 펄펄 끓는 에너지가 그대를 통해서 노래로 흘러나오게 하라. 춤추고자 하는가? 그러나 그대 자신이 춤춰서는 결코 안 된다. 삶의, 이 야생의 에너지가 그대를 통해서 춤으로 흘러나오도록 해야 한다."

그녀는 솟구치는 생의 의지를 따라 마음껏 추었다. 그러나 무용가로서 성공의 절정에 있을 때 그 모든 것을 놓아버리고 인도로 떠났다. 수행자의 길이라는 또 다른 삶이었다.

나는 그녀가 부러웠다. 그 끝없는 갈구와 몰입과 열정…. 나는 그녀가 쏟아놓은 것들을 읽고 또 읽었다. 그래, 놓치지 않아야지, 나를 놓지 않을 거야. 그녀의 말들이 내게로 건너온 듯 새로운 열망에 몸을 떨곤 하였다.

지금 여기 이 운동장, 나는 저 역동하는 리듬에 '나'를 맡기고 있다. 간질간질, 온몸을 흔들고 싶은 욕망으로 속에서는 연신 뜨거운 것이 일어난다. 내 몸이 움직이고 덩달아 마음도 움직인다. 몸과 마음이, 세상과 내가 하나가 된 듯 해방감이 밀려온다. 되는대로 흔들어 볼품은 없어도 그게 뭐 어떤가.

춤, 그것은 안으로부터 흘러나오는 몸의 움직임이다. 모든 생명체는 움직임으로써 서로 신호를 보내고 소통하고 나누고 협력하며 살아간다. 나를 표현하고 세상과 만나는 것도 모두 움직임으로써 일어나는 생명의 몸짓이고 자연의 리듬일 터. 말하자면 살아 있음의 자기표현이고 존재의 향유이며 더 역동적인 자기 창출이 아닐까. 삶을 살되 그저 밋밋하게 사는 것이 아니라 좀 더 제대로, '제멋대로' 살아보려는 것, 그리하여 제 존재성 혹은 자유를 찾는 것 말이다.

지금 내 몸이 자꾸 들썩이는 것도 그 때문이 아닐까. 흔들흔들 멋대로 움직임으로써 '나'를 느껴보고 싶어서. 더욱 살아 생동하고 싶어서….

'덴동어미'처럼

가세 가세 화전을 가세 꽃 지기 전에 화전을 가세…

오랜만에 옛글을 읽었습니다. 제목은 〈덴동어미화전가〉. 옛 여성들의 삶을 노래한 '화전가' 중의 하나입니다. 옛날 우리 어머니들은 해마다 봄이면 야외로 나가 화전놀이를 즐겼다고 하지요. 메마른 대지에 생기가 돌고 잿빛 산자락에 진달래가 피어나면 모처럼 밖으로 나가 꽃놀이를 즐겼습니다. 꽃잎을 따서 화전도 부쳐 먹고 북장구 가락에 춤도 추고 노래도 하면서 해종일 노는 날이었어요. 묵은 때를 씻어내듯 몸과 마음을 힐링하는 뜻깊은 날이었죠. 거기에서 시작된 것이 '화전가'라고 해요. 전해오는 작품들이 꽤 많지만 그 중의 백미는 단연

〈덴동어미화전가〉를 꼽습니다. 만고풍상을 다 겪은 한 여성의 이야기가 화전가의 구조 속에 굽이굽이 흐르고 있는 데다 그로부터 끌어낸 삶의 철학이 오늘의 우리에게도 사뭇 감동을 주기 때문인 듯싶어요.

글을 읽으며 저 역시 온갖 풍상 다 겪고 돌아온 '내 누님' 같은 얼굴이 떠올랐습니다. 봄밤의 소쩍새, 여름날의 천둥, 가을의 무서리…. 그 슬픔, 그 두려움을 다 견뎌내고 피어난 가을 국화처럼 말이에요. 미당未堂의 노래가 '덴동어미' 얼굴에 오롯이 겹쳐졌다고 할까요. 그녀의 얼굴은 더없이 평화로웠습니다. 그녀의 노래는 마치 할머니의 품처럼 넉넉하고 푸근했어요.

…춘삼월 호시절에 화전놀음 왔거들랑
꽃빛을랑 곱게 보고 새소리는 좋게 듣고
밝은 달은 여사 보며 맑은 바람 시원하다
좋은 동무 좋은 놀음에 서로 웃고 놀다 보소
사람의 눈이 이상하여 제대로 보면 관계찮고
고운 꽃도 새겨보면 눈이 캄캄 안 보이고
귀도 또한 별일이지 그대로 들으면 괜찮은 걸
새소리도 고쳐 듣고 슬픈 맘이 절로 나네
맘 심心자가 제일이라 단단하게 맘 잡으면

꽃은 절로 피는 거요 새는 여사 우는 거요
밝은 달은 매양 밝은 거요 바람은 일상 부는 거라
마음만 여사 태평하면 여사로 보고 여사로 듣지
듣고 보고 여사하면 고생될 일 별로 없지…

 어때요? 뭔가 위로가 되지 않나요? 작품의 끝머리인데 여기에 이르기까지는 참으로 엄청난 곡절이 있었습니다. 〈덴동어미화전가〉는 '덴동어미'라 부르는 한 기구한 여성의 이야기인데요, 이름부터도 어쩐지 슬픔이 느껴지죠? 그러니까 '덴동이'는 불에 덴 아이라는 뜻인데, 늘어서 얻은 귀한 자식인데, 불이 나서 그만 불구가 되고 말았어요. 그래서 얻은 이름이 '덴동어미'랍니다. 한데 문제는 그게 다가 아니라는 거예요. 그보다 더한 불행이 줄줄이 더 있었다는 말인데요, 어떻게 인생이 그렇게도 꼬일 수 있을까요? 세상에, 세 번 개가改嫁하고 네 번이나 상부喪夫를 당한다는 게 말이 돼요?
 하지만 사실 여부가 중요한 건 아닌 것 같습니다. 현실은 의외로 상상을 초월할 때가 많으니까요. 요즘 나오는 뉴스들을 보세요. 감히 상상도 못 할 일들이 버젓이 뉴스거리가 되곤 하잖아요? 영화도 아니고 드라마도 아니고 진짜 뉴스에서 말이에요. 그러니 '덴동어미' 사설이 꼭 지어낸 것은 아닐 거라고 봅니다. 더구나 '덴동어미'가 살았던 시대는 여자 혼자서는 살기 힘든 세상이었으니까요. 삼종지도三從之道니 수절이니를 권장하기만 했지 정작 남편이나 아들이 없는 여성의 처지에 대해서는 도외시하던 시대였으니까요. 그 때문에 사회적으로나 경제적으로 오갈 데 없는 여성들은 어쩔 수 없이 '개가'라는 방법을 택할 수밖에 없었을 것이구요. 그리고 무엇보다 인간은 살고자 하는 본능적인 욕망을 가진 존재잖아요? '기어이 한 번 살아보려'는 의지적 존재 말이에요. '덴동어미'도 그랬던 거 같습니다. 결국 철저히 실패하고 참혹하게 몰락한 채 고향으로 돌아오지만요.

아무튼 '덴동어미'는 부모 사랑 듬뿍 받으며 귀하게 자랐지만 혼인한 이후로 왠지 모를 불행을 다 겪게 됩니다. 열여섯에 맞이한 첫 낭군은 그네에서 떨어져 죽고, 둘째 낭군은 전염병에 죽고, 셋째 낭군은 폭우로 죽고, 넷째 낭군은 화마로 죽었습니다. 세상의 불행이란 불행은 죄다 쓸어모았어요. 죽음과 죽음, 삶과 삶, 삶과 죽음 사이, 그 사이사이의 고통은 또 말해 무엇할까요.

몸도 마음도 너덜너덜, 덴동이 하나 들쳐업고 속절없이 고향으로 왔습니다. 오십 년 가까이를 밖으로 떠돌다 자기도 모르게 발길 닿은 곳이 고향이었던 거에요. 반겨주는 사람은 없어도 손 내밀 최후의 안식처는 고향밖에 없는 걸까요? 마을 어귀 풀밭에 앉아 서럽게 웁니다. 후회와 부끄러움과 설움이 복받쳐 땅을 후비며 통곡합니다. 때마침 한 노인이 다가와 묻습니다. 왜 그렇게 우시오. 울음 그치고 사정이나 말해보오.

그러구러 화전놀이 날입니다. 향긋한 꽃지짐 냄새와 왁자지껄한 웃음소리가 온천지에 가득합니다. 일 년에 한 번 있는 해방의 날을 맞아 아낙들은 노래도 하고 춤도 추고 엉덩글씨도 쓰면서 신나게 놉니다. 그중에서도 '덴동어미'는 누구보다 흥겹고 누구보다 잘 놉니다. 어떻게 그럴 수 있을까요? 제 처지를 생각하면 어떻게 노래가 나오고 춤이 나오겠어요?

맞아요. '덴동어미'가 달라졌습니다. 아모르 파티Amor Fati! 있는 그대로 사랑하자. 아무것도 두렵지 않아. 한순간 마음의 변화가 일면서 모든 걸 역전시켜 버렸습니다. 그것은 고통이 가져온 마지막 선물이었어요. 고통은 고통 자체로 끝나지 않고 그로부터 많은 생각을 하게 했어요. 끊임없이 어떤 가능성을 끌어내게 함으로써 삶을 다시 살게 하는 것이었죠. 그러자 암흑 같기만 하던 '덴동어미'의 마음이 활짝 열리기 시작했습니다. 폭우가 내리치고 거친 황톳물이 바닥까지 휩쓴 후면 강물은 더 맑아져 여유롭게 흐르듯이 말이지요.

"맘 심자가 제일이라 단단하게 맘 잡으면 꽃은 절로 피는 거요 새는 여사 우는 거라…."

'덴동어미'의 말씀은 스스로는 물론이려니와 울고 있는 어린

과부에게도, 놀이에 온 또 다른 존재들에게도, 마침내는 지금 여기 훗날의 독자에게도 심심한 위로를 주었습니다. 천금 같은 말씀들 다시금 생의 에너지를 불어넣어 주었지요.

그대여, 그러니 너무 힘들어하지는 맙시다. 어느 좋은 날 우리 함께 화전놀음 한 번 가지요. 가거들랑 우리도 '덴동어미'처럼 신나게 춤 한 번 추실까요?

봄이 전하는 말

지금 제가 있는 곳은 사방이 산으로 둘러싸인 한적한 동네입니다. 도시도 아니고 시골도 아닌, 도시이면서 동시에 시골의 정취가 풍기는 조용하고 아늑한 곳입니다. 동네로 들어오다 보면 이곳 무등산의 이마가 훤히 보이지요. 원만하고 덕스럽고 넉넉하고 편안한 모습입니다. '무등'이라는 이름답게 어떤 차별도 없는 절대 평등을 지향하는 산. 가진 사람 못 가진 사람, 기쁜 사람 슬픈 사람, 아픈 사람 안 아픈 사람 모두 다 보듬어 줄 것 같은 품 넓은 산입니다. 그 아래 깃들어 있다는 것만으로도 얼마나 큰 위로가 되는지요. 이렇게 가까이 느낄 수 있으리라고는 생각지도 못했는데 말입니다.

흔히 삶은 잠깐의 소풍이며 우리는 곧 돌아가야 할 처지라고 합니다만, 그건 잠시 잊어두고 여기 오래오래 머물러 있어도 좋겠습니다. 상처받고 쓰라린 마음도, 고달프고 서러운 기억도 여기 이 산자락에 기대어 있으면 왠지 모르게 거뜬해질 것 같습니다. 자연은 언제나 과묵한 스승처럼 묵묵할 따름이지만, 그로 하여 오히려 더 깊은 깨우침을 얻게 하곤 하니까요.

눈앞에 봄이 와 있습니다. 그렇습니다. 바로 눈앞에서 봄을 봅니다. 오는가 싶으면 어느새 가버리는 야속한 계절이지만, 지금은 휘날리는 벚꽃과 쑥쑥 내민 새싹들의 향연으로 눈이 부실 지경입니다. 봄은 확실히 뭔가를 '보여주는' 계절이 맞는 것 같습니다. 봄은 두 뺨과 두 귀와 두 볼로도 오지만, 역시 두 눈으로 올 때가 진짜 봄인 듯싶어요. 별사탕을 뿌려놓은 듯 또록또록 반짝이는 봄까치꽃이나 이제 막 고개를 내민 어린싹이 화들짝 눈앞에 다가설 때, 그 순간이야말로 진짜 봄을 보는 것이죠.

엉성하던 산이 나날이 빼곡해지고 있습니다. 처음엔 푸른 솔만 보이더니 여기저기 산벚꽃이 환히 피고, 굴참나무, 느티나무, 벽오동, 싸리, 찔레 들도 손 흔들어 출석을 알립니다. 저마다 '저요, 저요' 제 존재를 밝히느라 약간의 소란은 피할 수가 없겠습니다. 하지만 저렇게 조용할 수도 없겠군요. 가히 혁명이라 할 만큼 대변혁이 일어나고 있는데도 산은 아무 소리가 없습니다. 정중동靜中動의 미학이라고 할까요. 고요 속에 펼쳐지는 눈에 띄는 변화가 그저 놀라울 뿐입니다.

산은 온갖 생명을 품고 있으면서도 전혀 요란하지 않습니다. 모든 색채를 다 지니고 있으면서도 결코 현란하지 않습니다. 산은 고요한 가운데 쉼 없이 움직이며, 움직이는 가운데도 고요를 잃지 있습니다. 고요와 움직임이 환상의 하모니를 이룬 듯 다정하고 조화롭고 심지어 신령스럽기까지 합니다. 얼마든지 믿고 기대도 좋을 것 같습니다.

산책로를 따라 길을 걷습니다. 벚꽃 휘날리고 쪼르릉 다람쥐가 달려가고 나무 아래 여인들 몇이 소풍을 즐기고 있네요. 넓게 편 자리에 앉기도 하고 눕기도 한 채 봄날을 만끽하고 있습니다. 작정하고 나온 듯 옆에는 커피도 있고 빵 봉지도 보입니다. 도란거리는 말소리와 정겨운 웃음소리와 흩날리는 벚꽃잎이 차곡차곡 쌓여가고 있습니다. 향긋하고 나긋나긋한 아름다운 풍경입니다.

문득 이 모든 게 참 신기하다는 생각이 듭니다. 해마다 익숙하게 봐온 풍경인데 왜 불쑥 그런 생각이 드는 걸까요? 오늘따라 왜 유독 새로워 보일까요? 새싹은 왜 돋고 꽃은 왜 또 이리 예쁘게도 피었을까요? 혹시 못다 한 말이라도 있는 걸까요? 꼭 다시 들려주고 싶은 말이라도?

곰곰 봄의 전언을, 꽃의 말을 생각해 봅니다. 혹시 이런 것은 아닐까요?

그대여, 훌훌 털고 다시 일어나라. 일어나 움직여라. 너는 본디 움직이는(동) 존재(물)가 아니더냐. 몸도 움직이고 생각도 움직여라. 길 위에서 길을 만나라. 절망도 냉소도 다 버리고 오직 너의 보폭에 집중하라. 꽃피는 아침과 꽃 지는 저녁을 기억하라. 기쁨도 슬픔도 네 안에 있는 것, 너는 '지금 여기'를 노래하라.

봄은 최선을 다하여 말을 건네주고 있습니다. 다시 낯섦과 설렘과 충격을 주어서 마음마저 새롭게 할 것을 명하고 있습니다. 봄은 그러려고 다시 왔나 봅니다. 그 말을 전하기 위해 삼백예순다섯 날을 손꼽아 기다려 왔나 봅니다. 어디 멀리 가지도 않고 그 자리에서 그대로 이날을 기다려 왔을 것입니다. 그리하여 지금 여기 밝고 환한 꽃으로 피어서, 연초록 새싹으로 돋아서, 간 데마다 족족 눈부신 광휘를 보여주고 있습니다. 알싸하고 따끔하게 말입니다.

프레드릭

마실 가듯 성산(담양군 지실 부근)으로 간다. 그곳은 나의 별장이다. 자그마치 열 채도 넘는다. 식영정, 서하당, 소쇄원, 환벽당, 명옥헌, 송강정, 면앙정, 풍암정…. 이 범상치 않은 단어들이 내 별장의 이름들이다. 내키는 대로 나는 이곳저곳을 순회한다. 세상에 땅 한 뙈기 갖지 못한 내가 이렇게나 호사를 누리다니. 햇살 그윽한 마루에 앉아 바람 소리, 새 소리를 듣노라면 그 순간만큼은 누구도 부럽지 않다.

오늘은 서하당棲霞堂이다. 노을이 깃드는 집이라, 이름만으로도 따스함이 느껴진다. 나는 먼저 식영정에 오른다. 서하당엔 잠깐 눈인사만 해두고 식영정 마루에 앉아 솔바람부터 쐰다.

솔숲 너머 물빛은 잔잔하고 바람은 청아하다. 건너편 산마루엔 구름이 인다. 나는 한참을 앉아 있다. 하지만 아무래도 여긴 나만의 공간이기는 어렵겠다. 이곳은 늘 먼저 온 사람들의 차지거나 잇따른 방문객들 때문에 호젓할 수가 없다. 일어나 서하당으로 내려간다.

서하당은 그윽하다. 위쪽(식영정)에 비해 상대적으로 홀대당하는 감이 없지 않지만, 덕분에 나는 좋다. 낮고 한갓진 이곳에는 자잘한 미물들이 모여 산다. 거미는 줄을 치고 나방은 줄을 탄다. 앵앵대는 모기도, 먼지 같은 날것들도 제집처럼 날고 뛴다. 나는 이 넓은 뜰을 죄다 차지하고서 송강松江이 그랬듯이 "산옹山翁의 이 부귀富貴를 눕드려 헌ᄉ마오." 흐뭇하게 읊조린다.

뜰에는 햇살과 바람과 고요만 있다. 나는 마루에 앉아 햇볕을 쬔다. 부드럽고 따스한 기운이 내 등에 스며들기 시작한다. 문득 레오 리오니의 동화 〈프레드릭〉이 생각난다. 들쥐 '프레드릭'은 친구들 모두 먹이를 모으느라 쉬지 않고 일하고 있는데도, 자신은 아무것도 하지 않고 빈둥빈둥 게으름만 부린다. 친구들이 나무라듯이,

"너는 왜 일을 안 하니?"

"지금은 뭐해?"

"너 꿈꾸고 있지?" 하고 물으면,

"으응, 나도 일하고 있어. 난 춥고 어두운 겨울날을 위해 햇살을 모으는 중이야."

"지금은 색깔을 모으는 중이야. 겨울엔 온통 잿빛이잖아."

"난 지금 이야기를 모으고 있어. 기나긴 겨울엔 얘깃거리가 동이 나잖아."라고 말할 따름이다.

겨울이 되자 먹을 것 넉넉한 친구들은 바보 같은 여우 이야기와 어리석은 고양이 얘기를 하며 행복하게 지낸다. 하지만 낟알들도 떨어지고 옥수수 역시 아스라한 추억이 되었을 때 누구 하나 재잘거리지 않는다. 마침내 얘깃거리마저 동이 나고 말았을 때, 그때 친구들은 '프레드릭'을 생각한다.

"네 양식들은 어떻게 되었니, 프레드릭?"

그러자 '프레드릭'은 커다란 바위 위로 올라가 그동안 모아두었던 금빛 햇살을, 붉은 양귀비꽃과 초록빛 딸기 덤불을, 구수한 이야기를 꺼내 친구들에게 들려준다. 얼었던 몸이 따스해지고 마음속 색깔들이 또렷해지면서 친구들은 박수를 치며 감탄한다.

"프레드릭, 넌 시인이야!"

나도 가만히 햇살을 만져본다. 내가 마치 '프레드릭'이라도 되는 듯이…. 몸이 따스하다. 은근히 기분이 좋아진다. 이 온기를 누군가와 나누고도 싶어진다. 내가 모은 것들을 가만가만 얘기해보고 싶기도 하다. 도무지 가망이 없다고 팽개치고 나왔던 것들을 다시 붙들고 싶어진다. 아무도 거들떠보지 않는 것들, 쓰잘 데 없는 짓이라고 자조하고 한탄했던 일이 새삼 귀하고 소중하게 여겨진다. 짜증스럽고 심란하던 마음이 조금씩 가벼워지는 것도 같다. 이 햇살 속에는 확실히 뭔가가 있나 보다. 아니면 내 안에도 '프레드릭' 한 마리 깃들어 살거나….

내 고무된 마음을 눈치챘는지 새 한 마리가 비상한다. 여기저기서 화답송이 퍼지고 일순 고요가 달아난다. 어둠이 무리지어 올 때까지 저 새들과도 놀기로 한다.

★을 훔치다

가끔, 나는 도둑이라는 생각이 든다. 내가 도둑질을 하지 않고 무구하게 살아온 것은 고작 예닐곱 살까지가 전부였을지도 모른다. 나는 줄곧 누군가의 무엇을 훔치곤 했다. 처음엔 언니의 연필을, 그다음엔 지우개를, 그리고 어느날엔 고추밭 속의 가지를 훔친 적도 있었다. 크고 통통한, 늘씬하게 쭉 뻗은 고놈은 햇빛을 받아 더욱 윤택해 보였다. 도저히 그냥 지나칠 수가 없었다. 저녁때 아랫집 할머니가 우리 집에 왔다. 대번에 내 심장이 쿵쾅거렸다. 엄마에게 무슨 말을 했는지는 알 수 없지만, 한동안 나는 집 밖으로 나가지 못했다. 보는 사람마다 쯧쯧 손가락질을 할 것만 같아 가슴을 펼 수가 없었다.

나는 이전의 무구한 모습으로 다시 돌아왔다. 아무것도 욕심내지 않고 바라지도 않았다. 그렇다고 오유지족吾唯知足한 삶의 철학이 다 내 것이었다고 할 수는 없다. 세상은 결코 나 혼자만 만족하고 살도록 내버려 두지 않았다. 세상은 나에게 쉼 없이 요구하고 끊임없이 떠밀었다.

중학생 때였다. 어버이날을 맞아 글짓기 숙제가 주어졌다. 뭘 써야 할지 갈피를 잡을 수가 없었다. 딱히 효도를 해본 기억도 없고 감사하는 마음이 샘솟는 것도 아니어서, 쓰자니 한 줄도 쓰기 어려웠다. 마침 언니가 보던 시집이 있었다. 그 책을 이리저리 뒤적이며 맘에 드는 구절들을 골라냈다. 한 군데만 뭉텅 가져오면 들킬지도 모르니까 여기저기에서 표 안 나게 살짝 끄집어냈다. 그다음엔 그것들을 적절히 배열하고 엮어내는 일을 했다. 낱말과 낱말, 문장과 문장 사이를 오가며 드디어 글 한 편을 꿰어냈다. 그리고는 하얀 원고지에 정성껏 다시 썼다.

다음다음 날, 국어 선생님이 나를 찾으셨다. 손에는 원고지가 들려 있었다. 아뿔싸, 들키고 말았구나. '도둑이 제 발 저린다'고 하더니 내가 딱 그 꼴이었다. 나도 모르게 얼굴이 붉어지고 심장이 오그라들었다.

"이거 네가 쓴 거 맞아?"

원고지를 높이 쳐든 선생님이 날 겨냥했다. 나는 고개를 주억거렸다.

"짜아식, 이런 재주도 있었어? 최고상이야."

조마조마 숨죽이고 있던 나는 내 귀를 의심했다. 보고 있던 아이들이 일제히 함성을 지르고 손뼉을 쳤다. 나는 종잡을 수가 없었다. 선생님은 내 머리를 쓰다듬기까지 했다.

"내일 아침 운동장에서 조회할 때 단상에 올라가서 이 글을 읽어야 해. 원고를 줄 테니까 집에 가서 연습해 오도록. 알겠지?"

있을 수 없는 일이었다. 있어서도 안 되는 일이었다. 내가 글을 훔쳐 썼다는 것을 전교생 앞에 포고하라니. 그것도 내 입으로 직접! 내 얼굴은 숫제 백지장이 되고 말았다. 혹시 선생님께서 눈치채고 날 벌주려고 그런 건 아닐까? 그렇지 않다면야 어떻게 이런 일이 일어날 수 있단 말인가. 노벨문학상이 꿈이라던, 글짓기만 했다 하면 상이란 상은 죄다 제 것이었던 경미는 어디 가고? 뭔가 잘못된 게 분명하다. 그렇지 않고서야 어찌? 그렇다면 이제라도 이실직고해야 하는 것 아닐까? 그래, 깨끗하게 양심선언하고 다시는 훔치는 일 따위로 가슴 졸이지 말자.

그러나 나는 아무 말도 하지 못했다. 우물쭈물 결국 일은 닥치고 말았다. 조회는 시작되었고 몇 가지 순서가 지나간 후 마침내 내 차례가 되었다. 나는 잔뜩 긴장한 채 단상 위로 올라갔다. 노란 햇살이 내 얼굴을 비추고 운동장은 조용했다. 천천히 글을 읽기 시작했다. 내 목소리는 떨렸으나 차츰 가라앉더니 이윽고 낭랑해졌다. 단상에서 내려왔을 때 나는 아주 착한, 글 잘 쓰는 효녀가 되어 있었고, 그리고 일약 스타가 되었다.

일은 거기서 끝난 것이 아니었다. 나는 걸핏하면 글짓기에 동원되었다. 현충일, 6.25, 국군의 날, 한글날 등등 무슨 날이 그렇게도 많은지, 그때마다 공공연히 애국심에 불타야 하는 일이라니…. 그런 일을 모두 나에게 떠넘기는 친구들도 선생님도 원망스럽기만 했다. 그렇게 하려고 선생님은 내 죄를 눈감아 준 것이 아니었을까? 남의 것을 훔친 죄가 그토록 나를 옥죌 줄은 상상도 못 했다.

아이러니하게도 훔치는 실력은 더욱 늘었다. 책을 읽다가 괜찮은 구절이다 싶으면 밑줄을 그었고 더러 베껴 두기도 했다. 감동해서 그런 것이라고, 그것을 잊지 않기 위해서라고 하지만 나중에 쓰일 것을 염두에 두었음은 물론이다. 지금이라고 다를까. 여전히 훔치기 위해 글을 읽고 내 것인 양 표 안 나게 눙치려고 부지런히 엿본다. 가끔 흉내 내어 글을 써 보기도 한다. 누군가 써 놓은 글귀를 당겨내어 내 이야기를 푸는 실마리로 삼기도 한다. 해 보니 재미도 있고 뿌듯함이 밀려올 때도 있다.

나는 이제 연필이나 가지 따위는 관심도 없다. 그걸 훔치느니 차라리 혀를 깨물고 죽겠다. 도깨비감투가 있는 것도 아닌

데 그따위 빤한 물건을 훔쳐 망신살 일이 뭐 있나. 이제 나는 보이는 것을 선택하지 않는다. 보여도 안 보이는 것을 포획한다. 이를테면 밤하늘의 별 같은, 혹은 당신 가슴 속의 심장 같은 것 말이다. 그것들을 향하여 그물을 치고, 서서히, 야금야금, 확, 먹어 치울 수 있기를 꿈꾸는 중이다.

언덕배기 그 나무

앵두나무가 있었다. 평소에는 있는지 없는지도 모르고 지내다가 꽃 피고 열매 맺을 때면 저절로 눈길이 갔다. 나는 하루에도 몇 번씩 그 나무 밑을 서성거렸다. 꽃이 지고, 그 자리에 흉터처럼 작은 흔적이 남고, 그리고 소리 없이 여물어 가는 것을 숨죽이며 바라보았다. 도무지 언제 크고 언제 붉어지는지 아무리 쳐다봐도 알 수 없었지만, 풀방구리에 쥐 드나들 듯 보고 또 보곤 하였다.

장꽝 옆 언덕바지 낮은 울타리, 앵두는 빛깔부터가 달랐다. 초록과 선홍의 대비가 쏟아지는 햇빛 아래서건 내리치는 빗속에서건 그렇게 산뜻하고 예뻐 보일 수가 없었다. 날로 창창해진 잎사귀들과 날로 붉어진 열매들이 서로 쟁쟁하게 맞서면서도 평화롭게 공존하고 있었다. 보기만 해도 좋았지만, 입안에 군침이 도는 것은 어쩔 수 없었다. 과육이 많지도 않고 씨앗도 커서 실상 먹잘 것은 별로 없었다. 그렇지만 따먹지 않고는 배길 수 없는 아찔한 무엇이 앵두에게는 있었다. 붉고 탱탱하고 빛나는 그 열매는 찔레나 삐비처럼 슴슴하거나 밍밍하지 않았다. 입안의 혀뿐 아니라 눈과 코, 아니 온몸이 곤두서는 맛이라고 할까. 맛보다 먼저 그 빛깔에 취해버렸다고 할까.

나무는 크지 않았다. 언제부터 거기 있었는지, 누가 심어놓은 것인지도 몰랐다. 그것은 어느 날 문득 발견된 것이었다. 장꽝 옆 언덕바지가 눈에 띄게 환해지면서 스스로를 밝힌 결과였다. 꽃도 꽃이지만 초록의 가지 속에서 총총 선홍의 열매를 매달 때면 유독 존재감이 돋보였다. 그때부터는 숫제 '내 나무'가 되었다. 그러나 침 발라 찜해 놓기는 했어도 전혀 안심할 상황은 아니었다.

윗집에 창수라는 아이가 살았다. 그 애는 나보다 어리고 순했지만 그걸 가만히 두고 볼 리는 없었다. 녀석도 분명히 군침을 흘리고 있을 게 뻔했다. 문제는 앵두나무가 하필 창수네와 우리 집 사이에 있다는 것. 우리 집에서 보면 우리 것처럼 보이고, 창수네 집에서 보면 역시 창수네 것처럼 보인다는 데 있었다. 딱히 누구네 것이라 단정하기 어려운 애매한 나무.

그런 나무가 한 그루 더 있었다. 우리 집과 아랫집 사이, 둥치가 제법 큰 돌배나무였다. 봄이면 하얗고 뽀얀 꽃을 피워 앞마당이 환했다. 꽃이 지고 난 후면 동글동글한 열매들이 조랑조랑 매달렸다. 심심하고 배고픈 우리는 아직 맛도 들지 않은 풋것들에도 곧잘 눈독을 들였다. 앵두처럼 예쁘거나 도드라진 매력은 없어도 그냥 바라만 보기는 어려웠다. 한입 베어 물었다가 이내 뱉어버리기 일쑤였지만 지레 포기하기는 쉽지 않았다. 돌배라고 예외는 없었다.

이번엔 할아버지가 문제였다. 아랫집 할아버지는 부러 나무 밑을 왔다 갔다 하는 듯했다. 에헴, 에헴! 헛기침을 뱉기도 하고 지팡이를 들어 바닥을 툭툭 치기도 했다. 함부로 따먹지 말라는 신호인지 얼씬도 말라는 경고인지 아리송했지만, 배나무를 염두에 두고 있는 것만은 확실했다. 기침 가래가 심한 할아버지에게 돌배는 귀중한 약재가 된다는 걸 들은 적도 있었으니까.

그렇다고 해도 우리는 할아버지가 여간 야속하지가 않았다. 좁쌀영감이라는 별명답게 할아버지 손에는 늘 지팡이가 들려 있었으며 여차하면 마구 휘두를지도 몰랐다. 우리는 마주칠 때마다 흘금흘금 뒷걸음질을 쳐야 했다. 흘겨보는 할아버지와 달아나는 우리들 사이에 돌배나무만 애매하게 서 있었다. 아무 말도 하지 못하고 어디로도 가지 못하는 나무는 툭, 투둑 제 열매를 떨어뜨릴 뿐이었다.

언덕배기 그 나무, 앵두나무도 돌배나무도 모두 경계의 나무였다. 있는 듯 없는 듯 눈에 띄지 않다가도 해마다 한 번은 제 존재를 드러내는 사이의 나무. 이웃과 이웃 사이 긴장을 유발하는 나무이기도 했고 은근히 탐욕을 일으키는 나무이기도 했다. 꽃 피우고 열매 맺을 때면 보란 듯이 눈길을 끄는 유혹의 나무, 욕망의 나무이기도 했다.

그 나무가 아직 거기 있을지 모르겠다. 여전히 꽃을 피우고 열매를 맺는지도 모르겠다. 따먹을 사람도 욕심내는 사람도 없이 평화가 찾아들었는지도 모르겠다. 지금쯤은 이쪽과 저쪽의 경계도 허물어지고 말아, 흘러가는 구름이나 바라보고 나붓대는 바람이나 느끼고 있을지도 모르겠다. 저 혼자 익고 저 혼자 떨어지며 햇살이나 부둥켜안고 있을지도 모르겠다.

각서

 허탈한 마음에 이 글을 쓴다. 나는 각서 한 장을 잃어버린 것이다. 아니다. 한 장이 아니라 두 장이다. 나의 미래는 걱정할 것이 없었다. 내가 꼬부랑 할머니가 되어 아무 능력이 없다 해도 결코 구박을 당하거나 버림받을 염려가 없었다. 날마다 날마다 효도를 받으면서 꿈같은 여생을 보낼 것이었다. 그런데 그만 물거품이 되어 버렸다. 아직도 그 글씨며 문구가 눈앞엔 듯 훤하고 꾹꾹 눌러 찍은 지문까지 선명히 떠오르는데, 서랍 속에 꽁꽁 넣어둔 비장의 무기는 어디로 가버린 것일까.
 이름하여 효도각서였다. 내가 강요한 것도 아니고 순전히 자발적으로 작성한, 언제까지 돈을 갚겠다거나 어떠한 처분에도 군말 없이 따르겠다거나 무엇을 포기하겠다거나 하는 그런 각서가 아니라, 죽을 때까지 효도할 것을 맹세한다는 효도 각서!

방학은 끝나가고, 큰애는 밀린 숙제가 걱정이었다. 다른 건 몰라도 밀린 일기를 한꺼번에 쓴다는 것은 보통 일이 아니었다. 그것도 그냥 일기가 아니라 주제가 있는 일기, 이름하여 효도일기였다. 난감하기는 나도 마찬가지였다. 내내 없다고 했던 숙제를 막바지에서야 내놓는 것도 마뜩잖고, 믿거니 하고 내버려 둔 나의 방심도 못마땅했다. 그렇다고 일기를 대신 쓸 수도 없고, 지어서 쓰라고 할 수도 없고, 안 해도 된다고 할 수도 없고, 왜 안 했느냐 닦달할 수만도 없는, 참으로 곤란한 지경이었다. 대놓고 선생님을 탓할 수도 없었다.

아이는 코가 쏙 빠져 제방으로 들어가고, 무슨 뾰족 수가 없을까 나 역시 골머리가 아팠다. 밤이 깊어 큰애가 배시시 문을 열고 들어왔다. 손에는 문제의 그 일기장이 들려 있었다. 자랑스러운 듯 계면쩍은 듯 내민 일기장에는 빠져 있던 자리가 모두 채워져 있었다. 몇 줄 되지는 않았으나 주제만큼은 분명해 보였다.

ㅡ 오늘은 설거지를 했다. 저녁밥을 먹고 엄마 대신 내가 설거지를 했다. 설거지를 하다가 하마터면 그릇을 깰 뻔했다. 설거지는

너무 어렵고 힘들다. 엄마는 어떻게 날마다 설거지를 할까?

이런 식으로 시작된 일기는 청소·심부름·안마·동생 돌보기 등으로 이어져 있었다. 나름대로 균형을 맞춘 솜씨가 제법이었다. 하지만 이럴 땐 잘했다고 칭찬을 해야 할지, 이런 억지가 어딨느냐고 호되게 야단을 쳐야 할지 난감했다. 문제는 또 있었다. 여기에 엄마의 사인이 들어가야 한다는 것.

일기를 쓰고 안 쓰고는 아이의 문제였지만, 사인을 하고 안 하고는 순전히 내 몫이었다. 나는 다시 또 난관에 봉착했다. 날마다 성실하게 써야 할 일기를 하룻날 급조한 것도 그렇고, 사실을 웃도는 내용도 그렇고. 이걸 뭐라고 해야 할까. 판관이 되기도 어렵고, 엄마 노릇 하기도 어렵다. 하지만 궁하면 통하는 법, 불쑥 묘책 하나가 떠올랐다.

"좋아, 그럼 이렇게 하자. 효도는 이제부터 하는 거야. 여기 일기장에 쓴 대로 진짜로 그렇게 하는 거야. 이게 거짓말이 안 되게 하려면 그렇게 해야겠지? 어때?"

그러니까 가불해간 효도를 이제부터라도 갚아야 사인을 하겠다는 말이었다. 내 제안에 큰애의 표정이 활짝 밝아졌다. 말귀 빠른 아이는 눈까지 반짝반짝해지더니 뜬금없이 각서를 쓰겠다고 했다. 엊그제 제 단짝 친구와 우정각서를 썼다더니 요즘엔 각서가 유행인가? 웃음이 나왔으나 굳이 말릴 것까지는 없었다. 큰애는 곧장 백지를 가져오더니 영원히 효도할 것을 맹세한다는 내용을 또박또박 써나갔다. 그러자 옆에서 보고 있던 일 학년짜리 작은애가 저도 쓰겠다고 나섰다. 이런 황공할 데가! 마다할 이유가 전혀 없었다. 덕분에 나는 유례없는 부자가 되었다. 조목조목 효도하겠다는 각서를 두 장이나 받았으니, 그보다 더 큰 수확도 없었다.

다시 서랍을 뒤져볼까 하다 그만둔다. 찾아봐야 그 효력을 기대하기는 어려울 것이다. 그렇지만 증거물이 없어졌다고 기억까지 사라지지는 않을 터. 종종 그때 일을 상기해 두어야겠다. 언제 그런 일이 있었냐는 둥, 전혀 기억이 없다는 둥 시치미를 뗄지도 모르지만, 그래도 괜찮다. 사라진 각서 대신 기억이라도 잘 붙잡아둬야겠다.

가만히 그날을 생각하고 있노라니 저 깊이 걸리는 게 하나 있다. 공수표가 될지라도 나도 그런 각서 몇 번은 써보고 살걸. 하늘로 가신 당신들께도 그런 호사 몇 번쯤은 누리게 해드릴걸….

야생진미

 야생의 재료로 갖가지 음식을 만들던 한 요리연구가의 다큐 영화를 본 적 있다. '방랑 식객'이라 불린 주인공의 요리 인생을 담은 것인데, 자연에서 재료를 취하는 거침없는 손놀림과 요리에 담는 따스한 인정이 오래도록 잊히지 않았다. 면면히 흘러온 채집의 DNA가 고스란히 그의 삶을 투과하고 있는 것 같기도 하고, 자연과 사람에 바치는 숭고한 의식 같기도 했다. 멀리 갈 것도 없이 잡초 이끼 나뭇가지 같은 집 주변의 것들을 쓱쓱 따서 삶고 무치고 조물거리는 모습이나, 어머니를 향한 그리움을 '밥정情'으로 풀어가는 속내는 또 얼마나 아름다운지, 영화가 끝나고도 그 여운이 오래 남았다.

 20만 년 전 등장한 인류(호모 사피엔스)는 수렵과 채집을 통해 필요한 것을 얻었다. 동물을 사냥하고 강에서 물고기를 잡고 나무 열매를 따 먹으며 삶을 영위해 왔다. 농경과 목축을 시작한 건 1만 년 전이다. 산업혁명은 18세기 이후에야 일어난 일이니 산업사회로 진입한 것은 기껏해야 300년도 안 된다. 요컨대 인류의 역사는 오랫동안 수렵 채집에 머물러 있었다는 뜻이다.

몸과 뇌리에 박힌 것이 쉽게 사라지지는 않는다. 농경과 목축을 시작하며 정착 생활을 하게 되었지만, 수렵 채집하던 DNA가 순식간에 바뀌지는 않는다. 산업화 도시화로 농촌 인구가 급감했어도, 최첨단 인공지능 시대에 살고 있어도 수렵 채집의 습성은 아직 사라지지 않고 있으며 그 DNA도 여전히 살아 있다. 나 역시 산짐승을 잡거나 물고기를 낚는 것은 아니지만 바닷가를 지나다가도 조개나 소라를 보면 일단 줍고 본다. 혹시 더 있나 주변도 살핀다. 산길을 걷다가 밤이나 산딸기를 보면 화들짝 반갑다. 쑥이나 미나리를 채취하는 것은 빠지지 않는 연중행사다.

덕분에 우리집 냉장고에는 철 따라 채취한 것들이 '선물'처럼 차 있다. 햇살 좋은 강둑에서 캐온 쑥 몇 덩어리, 줍는 재미에 시간 가는 줄 몰랐지만 껍질 벗기느라 고생깨나 했던 은행알 두 봉지, 새콤달콤 맛도 좋고 빛깔도 좋은 살구잼 한 병, 아카시아꽃 효소, 말린 뽕잎, 머위, 취나물, 냉이, 민들레… 모두

어디 야외로 놀러 갔다가 혹은 산길을 걷다가 횡재라도 만난 듯이 흐뭇하게 수확해온 것이다. 삶고 벗기고 졸이고 말려서 살뜰하게 모셔 두니, '곳간에서 인심 난다'는 말이 저절로 이해되었다.

자연이 안겨준 '뜻밖의 선물'은 더 오래전으로 올라간다. 어렸을 때, 봄이었는지 여름이었는지 하여튼 몹시 '뿌듯한' 날이 있었다. 동네 앞 강물이 죄다 빠져나가고 맨바닥을 드러낸 날이었다. 강바닥은 금세 조무래기들 차지가 되었다. 그 천혜의 놀이터를 그냥 둘 리가 있겠는가. 누가 먼저랄 것도 없이 진흙투성이가 되어 놀고 있는데 발바닥에 뭉툭 밟히는 게 느껴졌다. 뭐지? 뭘까? 더듬더듬 조심조심 잡아 올린 그것은 유난히 크고 시커멓고 딱딱하고 반질거렸다. 홍합보다 더 크고 더 통통하고 더 까만 그것을 누군가 '마개!' 하고 소리쳤다. 우리는 일제히 '마개잡이'가 되었다. 그 큰 마개가 손에 잡힐 때면 금덩이라도 거머쥔 듯 환호성을 질렀다.

'마개'뿐 아니라 찔레순 삐비 살구 오돌개 산딸기 알밤 들도 우리의 '사냥감'이었다. 지천에 널렸다고 하지만 찾지 않으면 있는 줄도 몰랐던 것들. 그것들을 찾아 우리는 부러 나서기도 하고 놀다가 우연히 발견하기도 했다. 산으로 들로 혹은 나뭇가지에 매달려서 맞이한 그 '선물' 같은 시간으로 우리의 몸과 마음도 쑥쑥 자라났을 것이다.

어떤 분의 말씀. 그분은 주말마다 '농장' 가는 재미로 산다. 농장? 농장이라는 말에 귀가 솔깃하지만, 그분의 농장이란 다름 아닌 산이고 들판이고 강이고 바다라는 사실이다. 굳이 소유하지 않고도 무한하게 누릴 수 있는 자연이라는 공간이다. 배낭 하나 짊어지고, 아니 털레털레 빈손으로 나서도 돌아올 땐 제법 가득 차서 돌아온다. 나물도 뜯고 열매도 줍고 조개도 잡고…. 자연에서 얻어오는 날것들의 생기는 저 안창까지 향긋하게 해주는 야생의 진미요 천연의 보물이다.

곱던 단풍도 다 떨어지고 겨울이 코 앞이다. 당분간 자연은 가만히 있을 것이다. 깊고 깊은 침묵으로 시간의 성자가 될 것이다. 헐벗은 듯 앙상한 듯 아무 말도 하지 않을 것이다. 그동안은 나도 잠자코 있으리라. 그의 침묵을 배우리라. 봄이 오면 다시 길을 나서리라. 기꺼이 그 바람을 맞으리라. 그런 날은 '뿌듯함' 한 접시 밥상에 오를 것이다.

3부

옛집 그 마당

뻐꾸기

뻐꾸기는 늘 멀리에서 운다. 가까이 있어도 어쩐지 멀찍이서 우는 듯 아련하게 들린다. 산이 코앞에 있는데도 뻐꾸기는 왜 이 산의 새가 아니라 저 산의 새처럼 느껴지는 걸까.

자려고 누웠는데 뻐꾸기 소리가 들린다. 한밤중에 무슨 소리까 싶지만 분명히 뻐꾸기 울음이다. 뻐꾹 뻐꾹. 애조 띤 소리가 자꾸 마음을 헤집는다. 저 뻐꾸기는 왜 잠도 자지 않는 걸까. 새벽에도 울고 한낮에도 울고, 시도 때도 없이 우는 것이 무슨 사정이라도 있는 것이 아닐까? 공연히 뻐꾸기 우는 사연이 궁금하다.

뻐꾸기는 늘 혼자서 운다. 고독한 단독자처럼 혼자서 구슬프게 운다. 물론 이산 저산 뻐꾸기가 서로 화답하듯 주고받을 때도 있다. 그런 때도 뻐꾸기는 홀로 울었다. 뻐꾹 뻐꾹. 빠르지도 않고 느리지도 않은 소리가 어찌나 애달픈지 뭇사람들도 그냥 흘려들었을 리 없을 성싶다. 아닌 게 아니라 이미 적잖은 이야기가 전해오고 있었다. 시어머니 구박에 죽은 며느리의 원혼이고, 계모에게 맞아 죽은 원통한 딸의 넋이고, 하늘나라로 되돌아가지 못한 나무꾼의 애처로운 사연이고. 모두 원통하게 죽은 사람들의 한 맺힌 소리라는 이야기. 그러나 한의 소리, 슬픔과 원망의 소리라고 해도 듣고 있노라면 어느새 싱잉볼 음악처럼 고요해진다. 아름답고 슬픈, 고요한 여백이 생긴다.

한데, 억울한 건지 어떤지는 몰라도 뻐꾸기에게는 늘 오명이 따른다. 얌체니 깡패니 사기꾼이니 하는 부정적인 이름들. 한마디로 '나쁜 놈'이라는 것인데, 뻐꾸기는 어쩌다 그런 평가를 받게 되었을까. 익히 알려졌다시피 그건 바로 자기 둥지에 알을 낳는 게 아니라 남의 둥지에 알을 낳는 탁란의 습성 때문이라는 것. 대다수 새가 둥지를 틀어 새끼를 기르는 일에 엄청난 에너지를 쏟는 데 비해, 뻐꾸기는 개개비나 붉은머리오목눈이 등의 둥지에 몰래 알을 낳는 얌체 짓을 서슴지 않는다. 게다가 일찍 부화한 뻐꾸기 새끼는 숙주 새가 낳은 알을 둥지 밖으로 밀어 아래로 떨어뜨려 버린다. 그래서 숙주 새의 사랑을 독차지하게 되고. 그 새는 제 새끼를 모두 죽인, 저보다 큰 뻐꾸기 새끼를 정성껏 돌보게 되는데, 성장한 뻐꾸기는 훌쩍 다른 곳으로 떠나버린다. 황당하고 배은망덕한 일이 아닐 수 없지만, 그렇다고 날아가는 뻐꾸기를 잡아들일 수도 없는 노릇이다.

뻐꾸기의 모든 것을 파헤칠 듯 나는 손에 쥔 스마트폰을 놓지 않는다. 한밤중에 굳이 누구에게 물어볼 것인가. 포노사피엔스, 스마트폰이 나의 선생이다. 잠은 안 오고 하릴없이 선생에게나 기댄다.

어쨌거나, 뻐꾸기는 왜 그런 '짓'을 일삼는 걸까? 뻐꾸기에게도 혹시 피치 못할 '사정'이라는 게 있는 걸까? 무엇이든 한쪽만 보고 판단할 수는 없는 일, 당연히 뻐꾸기의 사정도 들어봐야겠지.

탁란의 시작은 우선 둥지를 만들고 새끼를 키우는 것보다 남에게 맡기는 것이 생존에 훨씬 유리하다는 것을 경험을 통해 알았기 때문이다. 부리가 날카롭고 몸이 평평한 뻐꾸기는 가슴의 가로줄 무늬와 다리를 덮은 털이 맹금류와 닮았지만, 비행 실력은 비교할 바가 못 된다. 그뿐 아니라 다리 근육도 발달하지 않아 둥지를 만들기 어렵고 알을 품는 능력도 결핍되어 있다. 그러니 제힘으로 둥지를 틀어 새끼를 기른다는 것은 능력 밖의 일이다. 게다가 뻐꾸기는 일정 기간이 지나면 왔던 곳으로 되돌아가야 하는 '철새'가 아닌가. 그렇지만 알을 낳고 새끼를 기르는 것은 지상의 과제! 그건 뻐꾸기로서도 어쩔 수 없는 일이다. 어떻게든 해결해야 할 불가피한 문제일 뿐.

이윽고 뻐꾸기는 꾀를 짜낸다. 저기 저 뱁새(붉은머리오목눈이) 둥지가 어떨까? 이리 살피고 저리 살핀 뻐꾸기가 드디어 뱁새 둥지에 슬쩍 제 알을 낳고선 멀찌감치 날아간다. 순진한 뱁새, 뭔가 이상한 낌새를 느끼지만 이내 의심을 거두고서 온 정성으로 알을 품고 새끼를 기른다. 뻐꾸기는 드디어 미션 성공! 시험 삼아 해본 것이 의외의 성공을 거두었고, 그 일을 되풀이하다 보니 이제는 직접 새끼를 기를 수 없는 특이한 구조로 고착되었다는 것.

그러니까 뻐꾸기는 그 생태적 특성상 탁란을 할 수밖에 없는 슬픈 새인가? 남에게 의존할 수밖에 없는? 그렇게 해서라도 생명을 이어 가야 하는, 존재하는 것들의 슬픈 자화상인가? 그리하여 저 울음은 남의 둥지에 알을 낳은 뻐꾸기의 애타는 모정인가? 불안과 초조와 근심이 내재한 어쩔 수 없는 울음? 혹은 험한 세상에 자식을 내보낸 모든 어미의 울음을 대신한 것인가? 두서없는 생각들이 꼬리를 물고 일어난다. '어쩔 수 없는' 것들에 대한 '어쩔 수 없는' 물음이다.

살구

어릴 적 먹은 살구는 시큼털털했었다. 한 입 베어 물었다가 이내 뱉어버린 기억이 생생하다. 꽃보다 열매에 매달렸던 시절이었으니만큼 꽃에 대한 기억은 별로 없다. 우리의 놀이터는 열매를 매달고 있는 나무 밑이 대부분이었으므로.

살구에 대해서는 시큼하다는 기억이 거의 전부다. 그때 먹은 것은 개살구였거나 아직 채 무르익기 전이었는지 썩 내키는 맛은 아니었다. 도시의 마켓에서 살구를 만났을 때, 반갑기는 하면서도 사고 싶은 마음은 들지 않았다. 특별히 신맛이 땅기거나 빛깔에 이끌린 경우라면 몰라도 선뜻 집어 드는 사람도 없을 것 같았다.

그럼에도 살구는 따스하고 아련한 고향의 이미지로 각인되었다. 살구가 특별하거나 흔해서라기보다, 오래전부터 불려온 노랫말로 인해서거나 교과서를 통해 배운 시구절의 영향이 컸을 듯싶다.

"나의 살던 고향은 꽃피는 산골 복숭아꽃 살구꽃 아기 진달래…."

엄마 뱃속에서부터 저절로 알고 나온 것처럼 익숙한 노래다. 이 노래가 지어진 것은 1927년 무렵이라고 하니 벌써 100년이 다 됐다. "살구꽃 핀 마을은 어디나 고향 같다"라고 시작되는 시조 역시 1950년대에 발표된 것이고 보면, 살구는 알게 모르게 고향의 원형처럼 인식되지 않았을까. 삶의 애환과 그리움을 달래주는….

꽃만 보아서는 벚꽃인지 살구꽃인지 헷갈리는 나 같은 사람에게도 살구는 '고향 까마귀'라도 본 듯 반색을 하게 했다. 10여 년 전 튀르키예를 여행했을 때, 식사 때마다 빠지지 않고 등장하는 과일이 있었다. 꽃은 잘 몰라도 열매는 훤한지라 왈칵 반가운 마음이 들었다. 한 알 조심조심 깨물어보았다. 여차하면 뱉어낼 요량으로. 그런데 웬걸! 너무 단단하지도 않고 너무 무르지도 않은, 너무 시지도 않고 너무 달지도 않은 게 자꾸 입맛을 당겼다.

크기도 맛도 쏙 들어온 그것의 이름은 설마 살구일까 싶었으나 정말로 살구였다. 먼 나라에 여행 와서 뜬금없이 해후한 고향의 과일이 마침내 변신에 성공한 것일까? 고향에서보다 더 실하고 더 맛깔스러운 것에 감격하지 않을 수 없었다. 간 곳마다 만나게 되는 그 열매를 거르지 않고 먹었다. 자르고 깎을 필요도 없이 간편하고 단순한, 반으로 갈린 도톰한 살집을 사근사근 씹어보는 순간은 유년의 나무 밑에서보다 더 달뜨고 짜릿했다. 바깥의 새콤과 안의 달콤이 섞이어 내는 융화의 맛이랄까, 혹은 발견의 기쁨이라고 할까.

이후 유난히 살구를 탐하게 되었다. 처음엔 맛이 어떨지 몰라 망설이며 샀다가 이내 사고 또 샀다. 살구도 일취월장 변화를 도모한 것일까? 아니면 '시큼'을 '상큼'으로 느끼는 내 미뢰의 착각일까. 유년의 기억과는 확연히 다른 맛에 혹시나 무엇에 홀린 것은 아닌지 의심도 들었다. 가령 살구의 몸속에는 나무 아래 입을 벌리고 서 있는 걸신이 들렸는지도 모른다거나, 노랑만도 아니고 빨강은 더욱 아닌 고아우미한 살빛에 양귀비 뺨치는 재색을 겸비해 놓았다거나, 아니면 형용하기 어려운 은미한 매력에 어쩔 수 없이 빨려들게 되거나….

며칠 전, 동네를 산책하다 살구나무를 만났다. 노란 열매들을 방울처럼 매단, 언제 꽃피고 언제 열매 맺고 언제 익었는지 모르겠는, 염치 불고하고 반가운 나무였다. 하지만 어쩌면 나무도 나를 기다리고 있었는지 모르겠다. 씨알도 굵고 때깔도 고운 놈들이 벌써 풀밭을 뒹굴고 있는 것이라니. 주섬주섬 주머니에 모셔두고 나무 위를 올려다보았다. 기특하고 어여쁜 것들이 올망졸망하였다. 가볍게 흔들어 보았다. 그러자 서슴없이 후두둑 툭 툭 열매를 떨구었다. 미련 없이 가뿐한, 굵고 짧은, 단단하고 묵직한 낙하였다. 잠깐의 머뭇거림도 없이 툭, 직진으로 투항해버리는 전사의 최후 아니 최후의 전사였다. 그 깔끔한 종결을 대지는 부드럽게 받아 안았다.

몇 번 더 나무 밑을 서성였다. 다행인지 어쩐지 우리 동네 사람들은 참 욕심이 없다. 황금알이 바닥을 구르는데도 탐내는 사람이 없는 것이다. 사 먹는 것도 맛있지만 나무 아래서 주운 놈은 더 맛있는데 말이다. 덕분에 독차지하는 복락까지 한꺼번에 누리느라 올여름은 아주 행복해 미치겠다.

살구는 보관이 어려운 만큼 시기를 놓치면 먹기 어려운 과일이다. 물론 말리거나 졸여서 오래 두고 먹을 수 있지만, 그건 살구의 본맛에서 멀어진 것일 수밖에 없다. 살구는 원형 그대로 먹는 것이 가장 맛있다. 탱글탱글한 맵시와 아늑한 살빛과 새콤달콤한 맛의 유혹을 뿌리치지 못한 채, 한 며칠 짧은 축복을 누려보는 것이다. 살굿빛처럼 그윽해져 보는 것이다.

어느 중생의 기도

그날은 유독 안개가 짙었다. 사원에 오르는 길은 앞사람 엉덩이나 보일 정도로 경사까지 심했다. 한발 한발 옮기는 것도 수행처럼 느껴졌다. 이윽고 한 가지 소원은 꼭 들어준다고 알려진 한 도량. 그곳에는 벌써 많은 사람이 운집해 있었다. 험한 산자락에 자리한 만큼 사람도 뜸할 것이라 여겼던 것은 내 오산이었다. 겨우 비집고는 들어섰으나 마땅한 자리가 없었다. 눈앞에는 엎드렸다 일어섰다를 반복하는 몸짓만 가득 차 보였다. 산마루까지 휘어 감은 짙은 안개는 주변의 풍경마저 모조리 흡수해버린 채 예의 몸짓만을 클로즈업해 주었다.

사람들은 하나같이 결연해 보였다. 단정히 서서 두 손을 모으고 무릎을 꿇고 몸을 굽혀 머리를 바닥에 대는 한없이 낮은 자세였다. 팔을 뻗어 손바닥을 위로 들어 올리는 동작 역시 공손해 보였다. 머리 위로는 색색의 연등이 걸려 있고, 그리고 그 열린 틈으로 커다란 불상이 보였다. 학사모같이 납작한 관모를 쓴 두툼하고 넉넉해 보이는 형상이었다. 그는 희부윰한 허공을 광배처럼 두르고 아래를 굽어보고 있었다. 왼손은 무릎 위에 올려놓고 오른손은 가볍게 편 손가락으로 땅을 가리키고 있었다. 오호라, 소문 따라 찾아오긴 했지만 그 발치 아래 당도한 것만으로도 감개가 무량했다.

그렇긴 해도 호젓한 독대는 꿈도 못 꿀 성싶었다. 이미 문전성시를 이룬 노천법당은 내 차지가 될 상황이 전혀 아니었다. 저마다 간절한 소망 하나 사뢰려고 불원천리 달려온 것이 아니겠나. 나도 그중 한 사람이었다. 그러려고 세 시간여를 쉬지 않고 달려왔으니까. 문제는 좀처럼 빈자리가 나지 않는 것이었다. 거기 엎드려야 비로소 내 원願도 접수될 수 있을 텐데 말이다.

난간에 기대어 차례를 기다렸다. 나는 별로 신실한 사람은 아니지만 그즈음 하는 일은 비는 것밖에 없었다. 부처님은 물론 하느님에게도 빌고 성모님에게도 빌었다. 나무에게도 빌고 바위에게도 빌었다. 해가 뜨면 해님에게 빌고 달이 뜨면 달님에게 빌었다. 날아가는 새에게도 빌고 매미에게도 빌었다. 제발 우리의 억울함을 풀어 달라고, 그건 누가 봐도 부당하지 않느냐고, 우리 편이 되어 달라고 문득문득 간절해지곤 했다.

　이슬비 오는 어느 아침, 창밖에 매미 한 마리가 보였다. 거실 방충망에 바짝 붙어 내 거동을 빤히 들여다보고 있었다. 연일 잠을 설친 내 꼴은 심란하기만 한데, 웬일인지 찾아온 그가 선뜻 반가웠다. 그도 날 반기는 듯 문득 소리쳐 울기 시작했다. 크고 기세 좋은 소리였다. 어쩌면 나를 위한 공연이었을까. 아닌 게 아니라 그의 울음에는 광명을 구한 자의 벅차오른 해방감이라고 할까, 혹은 탈각을 완수한 존재로서의 숭고한 일성이라고 할까, 혹은 그 모두를 포괄한 열락의 고고성이라고 할까. 어느 때보다도 깊은 공명이 느껴졌다.

　나는 조심조심 그에게 다가갔다. 얼굴을 가까이 그와 마주했다. 그는 미동도 하지 않았다. 날아갈 기미도 전혀 없었다. 소리를 멈춘 그는 아마도 진지하게 내 말을 들어줄 결심인 듯했다. 아니면 긴히 전할 말이라도 있는 게 분명했다. 나는 잠자코 그를 응시했다. 그도 역시 나를 보고 있었다. 예기치 못한 만남이었지만 아무 두려움도 적의도 없이 한참을 그렇게 마주 보고 있었다. 그 사이 비가 그치고 언뜻언뜻 푸른 하늘이 보였다. 문득 그가 날아올랐다. 그는 순식간에 내 시야에서 멀어져 갔다. 나는 퍼뜩 그의 꽁무니에 내 비원을 매달았고, 그는 충실한 전령처럼 저 건너로 날아갔다.

　이따금 새나 나비가 앉았다 갈 때도 있었다. 그들은 언제나 화들짝 반가운 존재였다. 한순간에 희망을 솟구치게 하는 신의 대리자이기도 했다. 그들을 영접하는 나의 마음은 기쁨으로 차올랐다. 그들은 결코 우연히 날아든 것이 아니다. 그들에겐 분명 그들의 소임이 있을 것이었다. 그걸 방해해서는 안 되었다. 나는 정물처럼 앉아 있었다. 혹시나 내 거동을 저어하지나 않을까, 그때마다 얼마나 조신하게 굴었던지.

이윽고 빈자리가 생겼다. 높이 좌정하신 여래를 향하여 두 손을 모아 깊은 절을 올렸다. 이 많은 사람의 기도를 어찌 다 헤아리실는지 알 수 없지만, 부디 제 기도는 꼭 들어주시라, 머리를 조아렸다. 아니지. 하늘의 달이 천 개의 강을 다 비추듯 부처님 은덕은 아니 닿는 데가 없을 터. 나는 더욱 깊이 몸을 숙였다.

노을

노을은 아침에도 뜨고 저녁에도 뜬다. 아침노을이 눈부신 햇살을 거느리고 온다면 저녁노을은 어둠을 동반하고 온다. 아침노을은 하루의 시작을 알리고 저녁노을은 하루의 끝을 알리거니와 노을은 앞으로 나아가고 뒤로 물러나며 우리의 삶을 견인한다. 그러나 아침노을은 밝아 오는 햇살을 따라 금방 잊게 되지만, 저녁노을은 그 여운이 참 하염없다. 언제 그랬냐 싶게 순식간에 사라져 버리건만, 그 덧없음으로 오히려 강렬한 여운을 남긴다.

어느 해 지리산에 갔다가 뜻밖의 행운(!)을 만난 적이 있다. 산행을 마치고 집으로 돌아가려는 때였다. 숲에 어둠이 깃들기 시작했고 자동차는 막 고개를 넘어가려는 순간이었다. 문득 온 천지가 다 붉었다. 혹시 불이 난 것이 아닐까 의구심이 들 만큼 놀라운 광경이었다. 하늘과 해와 구름, 산과 들판과 마을 들이 함께 빚어낸 황홀한 콜라보였다. 절대 놓칠 수 없는 순간이라는 걸 직감한 나는 후닥닥 차에서 내렸다. 하지만 나는 말더듬이였다. 내 입에선 겨우 우와아아, 아아아아 소리만 연이어질 뿐이었다. 말도 아니고 말이 아닌 것도 아닌, 울음도 아니고 웃음도 아닌 소리였다. 그 사이 노을은 더욱 성세를 이루어 그 빛깔이며 색채까지 오묘하기 이를 데 없었다. 퇴근길도 좋고 부엌 쪽창에서도 좋지만 그것과 댈 것이 아니었다. 그곳은 하늘도 아니고 땅도 아니었다. 아침도 아니고 저녁도 아니었다. 아침이 저녁이 되고 저녁이 다시 아침이 되는 기이한 곳이었다. 영원히 아침만 계속되고 영원히 저녁만 계속되는 삶이라면 얼마나 지루한가. 우리 삶의 가장 아름다운 순간은 낮과 밤이 바뀌는 바로 그 순간일 것이다.

  사실 노을은 언제나 뜬다. 하지만 낮과 밤의 오묘한 경계에 있는 데다 지속되는 시간도 매우 짧고(기껏해야 20~30분 정도?), 간혹 우천으로 취소가 되거나 희미한 잔광만 남긴 채 꼴딱 져버릴 때도 많아서, 그 '때'를 맞추기가 여간 어려운 게 아니다. 물론 관람 장소가 따로 정해져 있는 것도 아니고, 갑자기 시간대가 바뀌는 것도 아니어서 여유만 가진다면 보지 못할 것은 없다. 그러나 우리의 감각이 늘 열려 있는 것은 아니기 때문에 보고도 그냥 지나칠 수 있고, 별다른 생각 없이 사소하게 흘러가 버릴 수도 있다. 아무리 흔해도 불현듯(불을 켠 듯이) 다가오는 때는 흔치 않은 일이다.

서남해의 섬 진도에는 전국적으로 알려진 노을 명소가 있다. 때마침 지나가는 길이기도 하고 구경하는 것 말고 달리 할 일도 없었으므로(우리는 2박 3일 진도 여행 중이었다), 자연히 그곳에 머물게 되었다. 바다 위엔 피노키오의 모자 같기도 하고 코끼리를 집어삼킨 보아뱀의 배 같기도 한 크고 작은 섬들이 옹기종기 떠 있다. 그 사이로 곧 노을이 스며들 것이다. 시간이 되자 어디서들 오는지 관람객 수가 늘기 시작했다. 아무리 유명하기로서니 누가 여기까지, 하던 생각은 곧장 거두어야 했다. 날은 어제도 흐리고 오늘도 흐리지만 사람들은 자꾸 밀려들었다. 변화무쌍한 것이 날씨라는 것을 다 아는 까닭일까. 하지만 우리가 간과한 것이 하나 있었다. 바로 삼대쯤은 족히 덕을 쌓아야만 관람이 가능하다는 것. 돌연 취소된 공연장 앞에서 우리는 모두 바람 빠진 풍선일 수밖에 없었다.

노을은 언제 봐도 좋지만 그중 최고일 때는 예상치 못한 순간이 아닐까. 몸도 마음도 녹지근해져 돌아올 때, 공연히 의기소침해져 있을 때, 흐리고 습하거나 구름 끼어 어두울 때, 외롭고 쓸쓸할 때, 권태롭고 지루할 때, 그때를 틈타 불현듯이 오는 때다. 죽어 있던 감각이 화들짝 깨어날 때, 총총 눈빛이 살

아닐 때 그때가 가장 아름답다. 그럴 때면 모든 무거운 것들이 순간에 사라진다.

  마을로 돌아오는 길, 처음엔 하늘에 걸린 등불인가 싶었다. 뜬금없는 빛을 좇아 우리는 한 해변에 이르렀다. 아무도 없는, 한적하고 어둑한, 광활하고 조용한 해변이었다. 그곳에 노을이 불타고 있었다. 저 혼자서 노을이 세상을 불태우고 있었다. 나는 다시 벙어리가 되었다. 동글동글 잘 씻긴 몽돌 위에 앉아 우와아아, 아아아아 탄성마저 삼킨 채였다. 노을은 마구 칠한 물감처럼 사방으로 흩어져 바다까지 물들였다. 기쁨인지 슬픔인지, 빛인지 어둠인지, 밤인지 낮인지, 삶인지 죽음인지 알 수 없는 순간이었다. 노을은 한 번 더 격하게 몸을 뒤틀더니 홀연 열반에 들었다. 우리만 보기에는 너무 아까운, 눈부시고 장엄한, 아름다운 열반이었다.

그 섬의 예술가들

그 섬, 낙월도落月島에 다녀온 지 한참이 지난 지금도 종종 떠오르는 풍경이 있다. 어쩐지 쓸쓸하기도 하고 낭만이 어려 있기도 한 이름 때문만은 아니다. 그보다 사람 하나 안 보이는 한적한 해변에 무엇인지 알 수 없는 문양들이 수없이 널려 있었던 것, 그것 때문이다. 처음엔 갯벌의 흔한 풍경이겠거니 했다. 갯벌엔 무수히 많은 생명체가 살고 있고 저 흔적들 역시 그 증거쯤이라고 짐작했으니까.

그런데 그날은 좀 달랐다. 그곳은 질퍽거리는 갯벌이 아니고 맨발로 걸어도 좋을 만한 모래 해변이었다. 남겨진 흔적들 역시 여러 생명체의 것이 아니라 모두 한 종의 것처럼 보였다. 모양과 크기는 달랐지만 동글동글한 작은 알갱이들로 이루어진 그것은, 어찌 보면 토끼나 염소들이 싸놓은 '똥' 같기도 하고, 한편으론 그것들로 만들어 놓은 꽃이나 도형 같기도 했다. 그런 것이 한두 군데가 아니었다. 무작위로 그려놓은 것 같지도 않았다. 나름대로 패턴이 있는 것 같기도 하고, 맞히기 어려운 수수께끼 같기도 하고, 무슨 비밀스러운 부호 같기도 했다.

인터넷에서 페루의 나스카 유적을 본 적이 있다. 그 유적은 드넓은 사막 위에 거미나 나무, 삼각형이나 나선형 같은 370여 개의 동식물 모양과 기하학적 도형 그림으로 이루어져 있다. 서울시 면적의 절반이 넘는다는 사막에 넓게 퍼진 문양들은 그 크기며 형태가 땅에서는 보기 어렵고, 드높은 공중에서 내려다봐야 확인될 정도라고 했다. 누가 왜 그렸는지 알 수 없어 유네스코는 '위대한 수수께끼'라고 했고, 어떤 학자는 '외계인의 흔적'이라고도 주장했다. 혹시 이 해변의 문양들 또한 그런 것일까? 이 한적한 바닷가에 내려와 한나절쯤 좋이 놀다 간 것은 아닐까? 그들만의 '난장'을 벌이고서 감쪽같이 사라진 것은 아닐까?

궁금한 것을 나중으로 미룰 필요는 하나도 없었다. 나 또한 포노사피엔스Phono Sapiens가 된 지 이미 오래, 재깍 손에 쥔 스마트폰을 열었다. 깨진 조각 하나라도 암호인 듯 입력하면 제아무리 생각 안 나는 것도 기꺼이 소환해 오지 않던가. 나는 몇 개의 조각을 검색창에 넣었다. 해변, 동글동글, 알갱이…. 장님 문고리 잡듯 보이는 대로 밀어 넣은 빈약한 단어로도 내가 찾는 것과 흡사한 이미지들이 주르륵 떴다. 클릭 클릭했더니 우와, 고구마 줄기처럼 줄줄이 새로운 정보들이 매달려 나온다. 드디어 나는 그 알갱이의 정체가 '엽낭게'라고 하는 불과 1센티 남짓한 작은 게들의 작품이라는 것을 알게 되었다.

엽낭게는 조간대 모래사장에 구멍을 파고 무리 지어 살아가는 게의 일종이다. 썰물 때가 되면 일사불란하게 움직이는 수십만의 군대처럼 일제히 먹이활동을 벌인다. 양 집게다리로 모래를 집어 입안에 넣은 뒤 머금고 있는 물과 함께 모래를 굴려서 유기물은 삼키고 모래는 뱉어낸다. 그 양이 하루에 최대 자기 몸무게의 수백 배에 이른다. 요놈들은 눈자루를 자유로이 세웠다 눕혔다 할 수도 있다. 이 눈자루를 잠수함의 잠망경처럼 이용해 구멍 속에서도 밖을 훤히 볼 수 있다. 또 갈색 톤의 보호색을 띠고 있는데, 생김새가 영락없이 모래나 모래무늬 같아서 눈에 띄는 것이 오히려 이상할 정도다.

새롭게 알게 된 엽낭게는 해변의 청소부이자 독특한 예술가였다. 그들이 빚어놓은 무수한 알갱이들은 정화의 흔적이며 그 자체로 거대한 예술품이 되었다. 방대한 화폭에는 하루 두 번 새로운 작품이 탄생했다. 달이 차고 달이 기울 듯이 썰물 때면 생겨나고 밀물 들면 무너져도 짓고 또 짓고, 그리고 또 그렸다. 모래인지 무엇인지 구분도 안 되는 작은 생명체에 불과해도 그 역사役事는 놀라운 것이었다. 적어도 내 기억 속의 한 섬은 고 조그마한 것들의 숨결로 꽉 차 있거니와 그들이 이루어놓은 세계는 저 먼 나스카 유적과는 비교도 안 되게 신기하고 생생하며 감동적인 것이었다.

그 섬에는 오늘도 수십만 마리의 엽낭게가 일제히 '예술'을 하고 있을 것이다. 앙증맞고 야무지게, 당차고 발랄하게 밀려온 잔해들을 정화하고 있을 것이다. 삼키고 뱉어내며, 씻어내어 수놓으며, 말하자면 '똥'의 예술을 보여주고 있을 것이다. 제 몸을 살리고, 제 삶의 터를 살리며, 제 삶의 무늬로써 뭇 생명을 살려내고 있을 것이다. 삶으로써 예술을, 예술로써 삶을 일깨우고 있을 것이다.

내 친구 '이자'

　나는 그를 '이자李子'라고 부른다. 그는 옥(李鈺, 1760~1815)이라는 이름 외에도 문무자, 매화외사, 화서외사, 경금자, 도화유수관주인 같은 근사한 이름을 몇 개나 더 가지고 있지만, 나만의 느낌을 담아서 '이자'라고 한다. 이자는 누런 책갈피 속에 살고 있다. 나는 가끔 그를 불러내어 함께 산을 오르기도 하고 내려와 뒤풀이를 하기도 한다. 뒤풀이라야 고작 차나 한 잔 마시거나 벤치에 걸터앉아 이런저런 이야기를 나누는 것에 불과하지만 오늘처럼 차를 타고 밖으로 나갈 때도 있다. 그럴 때면 우리는 조금 더 은밀해지곤 한다.

　이자는 언제나 낡은 두루마기에 갓을 쓰고 긴 담뱃대를 들고 있다. 시대에 동떨어진, 현대와는 거리가 먼 그의 복장이 나는 좋다. 그의 감각이 아무리 열려 있다 해도 그것만은 어쩔 수 없는 모양이다. 차를 타고 바닷가로 소풍을 가는데도 그의 복장은 여전히 똑같다. 달라진 것이 있다면 허리춤에 괴나리 봇짐이 하나 더 얹어져 있다는 것뿐이다. 봇짐 속에는 보나마나 붓이나 좁쌀책, 호패 따위가 들어있을 것이다. 노잣돈도 얼마쯤은 챙겼으려나?

  그는 잠자코 있다. 내가 아무 말 하지 않아도 나를 조르지 않는다. 심심하거나 어색하거나, 그래서 뭐든 부러 자분대지 않아도 괜찮다. 그림자처럼 다만 있을 뿐이지만 우리는 즐겁다. 나는 그가 좋다. 그도 나를 그런 것 같다. 우리는 때때로 의기투합하여 산으로 들로, 그리고 바다로 간다.

  비스듬히 솟아오른 산이 보이고 짭조름한 바람이 불어온다. 오늘 우리는 바다가 보이는 멋진 곳에서 점심을 먹고 산위에 올라 망망하게 펼쳐진 섬들을 바라보며 하루를 보내기로 하였다. 생각만으로도 좋지만 갈매기 끼룩대는 부두에 서니 진짜 좋다. 팔을 벌려 바람을 안고 심호흡을 한다. 물새처럼 날갯짓도 해본다. 바다에는 모든 것이 모여 있다. 바다는 부드럽고 유유하며 깊고 그윽하다. 성난 듯 포효하다가도 어느새 잔잔하고 고요하다. 덕이 있는 자에게 대중이 귀의하듯이 바다는 만물을 받아들여 관용으로 다스린다고 했던가. 그가 가만히 읊조리는 소리가 들린다. "도道는 모두 여기에 있도다."

 오가는 사람마다 우리를 힐끔거린다. 왜 아니랴. 갓 쓰고 도포 입은 조선 양반이 짧은 머리에 청바지를 입은 현대의 여자와 나란히 걷는데…. 우리는 태연한 듯 겸연쩍은 듯 그냥 걷는다. 출렁이는 물소리와 청량한 바람, 햇살 나부대는 부두가 마냥 좋을 따름이다.

 바다가 보이는 집에서 점심을 먹는다. 맛은 잘 모르겠다. 맛은 오히려 다른 데 있는 것이 아닐까? 우리를 여기로 오게 한 그 어디, 혹은 쓸쓸한 듯 초연한 듯한 저 눈매 어디쯤….

 눈을 들어 바다를 본다. 바다는 푸르게 누워 있다. 그가 술잔을 들어 내게 권한다. 권커니 잣거니 몇 잔이 더해지고 우리는 기분이 좋다. 목소리가 올라간다. 자, 저 바다를 위하여 건배! 갈매기를 위하여 건배! 아, 우리의 젊음, 우리의 소풍, 우리의 만남을 위하여 건배! 건배! 바다는 흰 갈기를 날리며 멀어져 가고 우리는 자꾸 술잔을 부딪는다. 취하여 바라보는 세상은 소리 없이 흘러가는 영상 같다. 물결은 출렁대고 갈매기는 날고 햇빛은 부서지고….

 누런 책갈피 속에서 걸어 나온 그는 바닷가로 소풍을 나와 한 여자와 앉아 있다. 그 여자, 어쩌다 세상 속에 끼어든 그 여자는 발그레한 제 얼굴을 연신 어르고 있다. 평생을 변방에서 살다 죽은 남자와 여태 변죽만 울리고 있는 여자가 함께 밥을 먹고 함께 끼룩거리고 있다.

　구성진 가락이 온 산을 휘감고 흐른다. 사-공-의- 뱃-노-래-가-물-거-리-면-삼-학-도-파-도-깊-이-스-며-드-는-데, 우리는 돌계단을 즈려밟고 산을 오른다. 바다 가까이 솟은 산은 헌칠하고 견고하다. 불어오는 바람은 쾌적하기 한량없다. 우리는 널찍한 바위에 앉아 바다를 바라본다. 섬들이 보인다. 물빛은 잔잔하고 섬들은 평온하다. 배가 지나간다. 지나간 자리에 흰 포말이 일어난다. 오던 길을 돌아보니 자잘한 건물들이 느런히 서 있다.

　잠잠히 바라보던 그가 괴나리 속에서 붓을 꺼낸다. 역시 못 말리는 친구다. 하긴 저 붓 하나로 버텨 온 삶이었으니 무슨 말을 더하랴만 나는 그가 딱하다. 그를 생각하면 외골수, 마이너리티, 변방, 소소함, 하찮음, 연약함, 부드러움, 이런 단어들이 떠오른다. 존재, 중심, 반복과 차이, 탈주 같은 말들도 빼놓을 수 없다. 그리고 그것은 내 모습과도 겹쳐지곤 하여서 나 또한 딱하다.

　그는 청운의 꿈을 안고 성균관에 들어가 과거를 준비했다. 집안의 명예를 위해서도, 자신의 이름을 위해서도 반드시 가야 할 길이었다. 그는 읽고 쓰고 읽고 쓰고 최선을 다했으나 때마침 시대는 새로운 격랑 속에 있었다. 이른바 소품문이라 불리는 신문체의 유입은 기존의 문학과는 다른 새로운 형식을 표방하며 문인들의 관심을 끌었다. 모든 것이 국가의 통제 아래 있던 당시, 문文은 당연히 도道를 싣는 도구라 여겼으며 엄격한 격식과 이념을 중시했다. 소품문은 세계에 대한 구체적인 인식 및 개성을 내세운 새로운 형식의 문체였다.

그의 글쓰기는 규범적 형식을 벗어난 낯설고 새로운 언어들로 가득했다. 언어 사용의 일탈과 내용의 파격 또한 두드러졌다. 문학(글)이란 모름지기 인간 심성의 바른 도리를 전하는 도구여야 하거니와 자신의 품격을 드러내고 교훈과 가르침을 전해야 하는 건 당연한 일이었다. 가령, 기품 있는 선비가 즐기고 기릴 만한 꽃은 매화 난초 국화 대나무와 같은 지조와 절개의 꽃이지, 운치도 절조도 없는 자잘한 것들은 완상할 필요도 없다는 것이 당시의 상식이었다면 그의 글은 그와는 확연한 차이가 있었다. 너무 흔하고 자잘해서 별 가치가 없어 보이는 것들, 흔하디흔한 풀과 나무, 꽃, 채소, 과일, 새, 벌레, 심지어 사람들의 담배 피우는 모습까지 눈이 비친 모든 것에 관심을 두었다. 그는 도둑이건 충신이건 기생이건 열녀건 그 우열을 가리지 않았으며, 대상에 차등을 두거나 정해진 가치에 얽매지 않았다. 그는 '나의 시, 나의 문장'을 짓겠다는 독자적인 문학관을 피력했던 만큼, 기존의 재도지기載道之器 문학과는 차이를 보일 수밖에 없었으며 시대와의 불화 역시 피할 수 없었다.

왕의 반응은 민감했다. 왕에게는 호학의 군주, 개혁의 군주라는 찬사가 무색할 만큼 완고한 고집이 있었다. 왕은 성리학적 명분과 고전의 정통성과 순정하고 단아한 문체를 지지하는 보수주의자였다. 그는 그러한 것을 어그러뜨리는 소품문을 몹시 못마땅해했다. 이 변화의 바람은 자칫 왕권뿐 아니라 지배질서의 균열을 불러올 수도 있는 위험한 것임을 간파하고 있었는지도 모른다. 누구보다 영리한 왕은 문학의 효용성을 제대로 인식하고 있었음도 틀림없다. 문학은 먼저 사람의 마음을 움직이게 하고, 의문을 품게 하고, 그리고 일어나 행동하게도 하는 것이지 않던가.

왕은 문체의 개혁을 공공연히 외쳤다. 해당자를 색출하여 반성문을 쓰게 하고 서적의 수입을 금하고 금서를 지정하는 등 엄중한 대처를 지시했다. 소위 문체반정이라 불리는, 일종의 문화 정책에 가까운 것이었다. 물론 이 일로 직접적인 피해를 입은 사람은 없었다. 당시 문단의 거물급이었던 연암 박지원을 비롯하여 이덕무 유득공 박제가 남공철 이서구 이상황 등이 그 지목의 대상이었으나 모두 솜방방이 처벌을 받았을 뿐이다. 자송문을 짓거나 과거 볼 자격을 정지하거나 지방에 내려가 군복무를 하게 하는 소소한 벌을 내리기는 했으나 그로 인한 피해자는 없었다. 아니, 딱 한 사람이 있었다. 문체반정의 유일한 죄인, 그가 바로 이옥, 내 친구 이자였다.

나는 궁금했다. 세상은 보이지 않는 그물로 짜여 있고 그물은 사람을 옥죄어서 개성도 본질도 말살하고 말 터이니 '선생, 세상의 그물을 조심하시오.'라고 멋지게 일갈하던 남자. 그는 대체 어떤 사람일까. 어떤 글을 썼을까. 왜 썼을까. 그 역시 군왕 못지않은 고집쟁이였을까? 장장 8년여에 걸친 필화의 고통을 겪으면서도 끝내 꺾이거나 굴하지 않았던 까닭은 무엇일까?

이자는 평생 붓을 놓지 않고 더 곡진하게 글을 썼다. 한미한 무반, 게다가 서족庶族을 조상으로 두었다는 태생적 한계에다 문사로서의 소외감까지 더해져 우울했지만, 우울했던 사나이 이자는 꿋꿋이 그리고 묵묵히 글을 썼다. 글쓰기는 그의 삶을 송두리째 뒤흔들었으나 또한 삶의 받침목이기도 했다. 그가 눈길을 주고 어루만진 것들은 대개 소소하고 주변적이고 하찮은 것들이었다. 나라와 군주, 신하와 백성, 지조와 절개 같은 거대담론으로부터 비켜나 꽃이나 새, 나무와 물고기 같은 자잘한 것들에 마음을 쏟았다. 등장하는 인물도 협객, 기인, 가객, 여염집 아낙네, 협잡꾼 같은 일상의 인물들이 대부분이다. 기존의 시각으로는 몰가치하게 여겨졌던 것이 이자에게는 참 그대로의 진정으로 인식되었으며, 인정물태의 다양한 정감을 표현하는 것이 무엇보다 기꺼운 일이었다. 종이창의 구멍으로 세상을 엿보듯 그는 작고 소소한 것들에 관심 두면서, 주체를 향한 끊임없는 열망으로 전율하면서 온 생을 글쓰기로 일관했다.

"어디 좀 봐. 뭐라고 쓴 거야? 또 아름답기 때문에 왔다고 쓴 거지?"

내가 짓궂게 묻자 그는 웃었다. 벗들과 함께 모처럼 산에 놀러 갔을 때 쓴 그의 글에는 온통 아름답다는 말로 도배가 되어 있는 게 있다. 아침에도 아름답고 저녁에도 아름답다. 맑은 날에도 아름답고 흐린 날에도 아름답다. 산도 아름답고 물도 아름답다. 단풍도 아름답고 바위도 아름답다. …아름답다, 아름답다, 아름답다. 아름답기 때문에 왔지. 아름답지 않다면 오지 않았을 것이다.

갈매기 날고 물결 찰랑대는 오후, 지금 나는 이자와 함께 있다. 그림처럼 아름다운, 바다가 있고, 산이 있고, 나무가 있고, 바위가 있다. 그는 쓰고 나는 기다린다.

말 무덤

말무덤(馬塚)? 말의 무덤(言塚)?

광주호 둘레길에 들어서 몇 발짝을 걷다 보면 안내판 하나가 눈길을 끈다. 이동수단으로 타고 다니는 말의 무덤인지, 소통의 언어인 말의 무덤인지를 묻는 것이다. 가던 길을 멈추고 그 앞에 서 본다.

말 무덤에 세 가지 이야기가 전해지고 있답니다. 첫 번째는 우리나라 많은 곳에 전해지듯 마을에 나쁜 액이 들어오는 것을 막기 위해 인공의 산인 조산造山을 만들고 이를 큰 무덤이라는 뜻으로 말 무덤(大塚)이라고 불렀다는데… 두 번째는 임진왜란 때 의병장으로

활약한 이 마을 출신 김덕령 장군이 아끼던 말을 이곳에 묻었다는 전설이 전하고 있고요. 세 번째는 옛날부터 사소한 말 한마디가 씨앗이 되어 사람들 사이에서 싸움이 그칠 날이 없자 마을에 나쁜 말들을 이곳에 묻어 떠돌지 못하게 했다는 언충言塚의 의미도 있다고 하네요.

안내판 너머로 작은 동산 같은 둥근 봉분이 보인다. 고개를 끄덕이며 걸음을 옮기는데 그 여운이 제법 길다. 큰 무덤 같은 인공 산을 만들어 마을에 들어오는 액을 막고자 했다는 것도 그렇고, 생사고락을 함께했을 애마의 무덤이라는 것도 그렇고, 무엇보다 마을에 떠도는 나쁜 말들을 매장해 다시 떠돌지 못하게 했다는 대목은 더욱 그렇다. 무덤이란 죽은 자의 거처이며 다시 살아올 수 없는 것들의 집이니, 죽음이 두렵거든 말조심부터 해야 한다는 경고인가?

의표를 찔린 듯 뜨끔하면서도 한편으론 웃음도 나온다. 직선의 예리함보다 곡선의 부드러움을 택한, 경고라기보다 권고에 가까운 에두름의 형식이 익살스럽다고 할까. 말과 말[말:]의, 소리는 같으면서 뜻은 다른 동음이의어의 활용을 이처럼 재치있게 활용한 예는 흔치 않을 것이다. 말 무덤(마총)에서 말 무덤(언총)을 연상하거나, 거칠고 헐뜯고 비방하는 모든 부정어를 거둬들여 말의 무덤을 만든다는 발상이 재밌고 신선하다.

말의 폭력성을 차단하고 예방하려는 고도의 전술과 전략이 위트와 유머 속에 부드럽게 녹아 있다. 그 효과가 어땠을지는 몰라도 '말'을 '중히' 여긴 그 정신의 증거만큼은 또렷하게 와닿는다.

어렸을 때, 동네에 싸움이 흔했다. 애들도 싸우고 어른들도 싸웠다. 숨바꼭질하다가도 싸우고 땅따먹기하다가도 싸우고 숙제하다가도 싸웠다. 애들 싸움이 어른 싸움이 되고, 어른들끼리 멱살을 잡는 일도 심심찮게 일어났다. 아이들은 그렇다 치고, 어른들은 도대체 왜 싸우는지 이해할 수가 없었다. 싸우지 마라, 우애 있게 지내라는 훈계를 입에 달고 살던 분들이 아닌가. '다 큰' 어른이 되어서도 그런 식의 싸움을 한다는 게 참 의아했다.

싸움이 한 번으로 끝나지 않고 2탄 3탄으로 이어지는 일도 흔했다. 단순한 말싸움에서 시작된 일이 폭언과 폭행으로 이어졌다. 그쯤에서라도 끝나면 좋은데 누구도 자신의 주장을 굽히려 하지 않았다. 경찰을 부르고 고소장을 내고 법정까지 가게 되는 난투극이 벌어지는 경우도 있었다. 싸움은 심각한 후유증을 남겼다. 당사자뿐 아니라 그 집안 간에도 두고두고 앙금이 남았고 상처 또한 깊었다.

나 같은 구경꾼은 싸움이 거칠고 격렬해질수록 걱정도 되었지만 호기심도 못지않았다. 바로 앞에서 벌어지는 활극의 현장은 어떤 영화보다 극적인 자극과 호기심을 주었다. 치켜 올라간 눈꼬리, 내쏘는 눈빛, 실룩거리는 입술, 불끈 쥔 주먹, 떨어지기 무섭게 되받아치는 말들. 그 사이사이에 감도는 팽팽한 긴장감과 핏대 오른 현장의 살벌한 분위기는 심장마저 쫄깃하게 만들었다. 나는 그 눈총과 말총과 주먹총 들을 조마조마 지켜보며 탐정이 되었다가 심판자가 되었다가 다시 구경꾼으로 돌아오곤 했다.

그러나 생각해보면 썩 유쾌한 경험은 아니었던 듯하다. 자초지종을 아는 것도 아니고 굳이 끼어들 일도 아니니 구경이나 할밖에 없었다고 하지만, 거기에는 타고난 호기심 외에도 누군가 맞고 때리는 것에 대한 파괴적인 본능이 숨어 있는 게 아닌가, 의구심이 들기 때문이다. 자고로 인간의 내면에는 다른 사람을 배려하는 부드러운 감수성이 있는가 하면 타인을 제압하는 것을 기꺼이 즐기는 폭력성 또한 없지 않다. 싸움이건 싸움구경이건 나 역시도 그 시작은 알게 모르게 장착한 폭력성에 기인한 것이 아닌가 싶어지는 것이다.

로마 원형경기장에는 사나운 맹수들이 끔찍하게 살상되는 피의 서커스를 보기 위해 수많은 사람이 몰렸다고 전해진다. 그것만으로는 직성이 풀리지 않아 죄수나 검투사들 간에도 싸움을 붙여 피 흘리며 죽어 가는 모습을 즐겼다고 하는데 그 양태는 오늘날에도 여전하지 싶다. 스포츠라는 순화된 형태로

외형만 바꿨을 뿐 그 본질은 다르지 않아 보인다. 게다가 폭력성의 극치라고 할 수 있는 전쟁의 화염이 꺼지지 않고 있는 데다 더 음산하게 확산하는 것만 같으니 두렵고 무서울 뿐이다.

 탓하고 나무라고 헐뜯고 비난하는 말들의 부정성과 폭력성 앞에 누구도 자유롭지는 못할 것이다. 함부로 말총言銃을 쏘아댄 적이 얼마인지, 그로 하여 철철 피 흘린 적은 또 얼마인지 돌아볼 일이다. '말 무덤'은 지나가는 발길을 붙들어 그 경계로 삼으라 한다.

옛집 그 마당

아참, 마당 있는 집에 살면 얼마나 좋을까.

설거지를 하다말고 나도 모르게 푸념을 쏟는다. 평소에는 괜찮지만, 오늘처럼 김장이라도 하는 날엔 주방 개수대가 유난히 좁게 느껴져서다. 물은 튀고, 큼지막한 양푼들은 주체하기도 어렵다. 마당이 있으면 할랑할랑 편하게 했을 일이건만….

늦가을, 아니 초겨울쯤 되겠다. 드문드문 눈발이 날리고 바람도 조금 불었던 것 같으니까. 엄마는 장꽝 옆 널찍한 마당에서 김장을 했다. 아랫집 할머니도 오시고 종신이 엄마, 현숙이 엄마도 일손을 더했다. 도란도란 이야기 소리와 터져 나오는 웃음소리가 마당에 가득했다. 수북하던 배추는 어느새 발갛게 버무려져 항아리 속으로 들어갔다. 김장까지 마무리하고 나면 이제부터는 긴 겨울이었다. 그럴 때면 마당도 할 일을 마친 듯 휴식에 들어갔다. 고추도 콩깍지도 없는 빈 마당은 우리들의 놀이터가 돼 주었다. 고무줄놀이도 하고 숨바꼭질도 하고 땅따먹기도 했다.

 마당은 잔치판도 되었다가 놀이판도 되었다가 장례식장도 되었다. 언니의 혼삿날, 청사초롱 내걸린 마당엔 높다란 지붕처럼 차일이 쳐졌다. 손님들은 왁자하고 잔칫상은 풍성했다. 혼례상엔 수북하게 쌓아 올린 떡이며 과일이 놓여 있고, 푸른 솔가지와 대나무도 꽂혀 있고, 동백도 몇 송이 붉은 꽃을 피웠다. 이윽고 사모관대 갖춰 입은 신랑이 당도하고 방 안에 있던 신부도 마당으로 나왔다. 원색의 예복은 눈부시게 화사했다. 연지곤지 찍고 족두리를 쓴 언니는 먼 나라의 공주처럼 예쁘기도 하고 신기하기도 했다. 너무 어렸을 때 일이라 기억도 희미한데, 엊그제 마침 그때 찍은 사진을 보았다. 신랑신부를 중심으로 한 가족사진이었다. 거기에는 색동저고리 입고 눈썹이 보일 듯 말 듯 앞머리를 반듯하게 자른 다섯 살 소녀도 있었다. 아버지 품에 쏙 들어가 있던 고 조그만 계집애를 나는 오래도록 들여다보았다.

 설 지나고 보름이 되면 마을엔 한바탕 굿판이 벌어졌다. 종일토록 매구 치는 소리가 귓가에 쟁쟁했다. 마을회관 앞 당산

나무 아래서부터 시작된 매구 행렬은 동네 우물을 거쳐, 술고래 장천양반네, 보바댁, 화순댁, 유정댁, 봉동댁을 거쳐 맨 꼭대기에 있는 우리집까지 올라왔다. 마당을 한 바퀴 돌고 부엌이며 장독대, 뒤꼍을 돌아 다시 마당으로 나와서는 더욱 요란하게 매구를 쳐댔다. 그 사이 엄마는 전과 나물, 유과 등을 걸게 차려 술상을 내왔다. 사람들은 불콰하게 달아올라 무장무장 신이 났다. 매구 소리는 더 크고 더 높게 퍼져 아무리 요사한 잡신이라도 걸음아 나 살려라, 줄행랑을 놓을 판이었다.

나는 깨갱깨갱 수선스럽기만 한 저 소리가 어서 그치기만을 바랐다. 어른들의 그 요란한 놀음을 이해하기 어려웠다. 그런데 참 이상도 하지. 지금은 아무리 들어도 물리지를 않는단 말이다. 뭔가 가슴 저 밑바닥을 휩쓸고 올라와 어깨까지 들썩이곤 한단 말이지….

언제부턴지 마당엔 삐죽삐죽 풀들이 돋았다. 금세 마루 밑까지 치고 올 기세였다. 엄마는, 뭔 놈의 풀은 이렇게나 났싸는고, 성가셔하시더니 댓돌 아래 두어 길만 남기고는 뭐든 심어버렸다. 평생 징글징글 풀매기 바빴던 엄마는 앞마당을 홀랑 풀밭으로 내줄 수는 없었다. 못 말리는 울 엄마, 마당을 온통 가내농장으로 만들어 놓으셨다. 그래도 샘가의 채송화는 오롯이 살아서 또록또록 맑은 꽃을 피우고 있더랬다. '알록달록하도 이뻐서, 느그들도 보여주고 자운(싶은)', 엄마를 위한, 엄마의 꽃이었다.

  오래전 겨울. 아, 그날 아침 풍경은 지금도 선하다. 겨울이 깊어도 오지 않던 눈이 그날 아침 소복히 쌓였다. 눈 위에 상여가 놓여 있었다. 빨강 노랑 하양 꽃들을 탐스럽게 매달고서 눈 쌓인 마당에 둥두렷이 놓였다. 세상에나, 나는 상여가 그렇게 어여쁜 줄 몰랐다. 멀리서만 봐도 공연히 무섭기만 했는데 그런 마음은 하나도 없었다. 하늘하늘 어찌나 곱고 화사한지, 넋을 잃고 바라보았다. 뭉클, 가슴조차 두근거렸다.

  하아따, 날 좋네. 우리 아짐 가신다고 하늘도 아시능갑따.

  상여꾼들이 오고, 엄마는 그들의 어깨 위로 둥실 올라섰다. 그리고는, 요령소리를 따라 너울너울 동구 밖으로 향하셨다. 눈은 펄펄 나리고….

석 달 열흘 붉은 꽃

'노세노세 젊어서 노세 늙어지면은 못 노나니/ 화무는 십일홍이요 달도 차면은 기우나니라…' 어려서 자주 듣던 노랫말이다. 강변에 자리 잡은 탓인지 우리 동네 어른들은 유독 풍류를 즐겼고 그때마다 빠짐없이 등장하는 노래였다. 무슨 뜻인지는 몰라도 자주 듣게 되다 보니 어린 귀에도 저절로 익숙해졌다. 어서 와 함께 놀기를 청하는 노랫말의 비유가 얼마나 기막힌 것인지는 한참 후에야 알게 됐다. 아무리 예쁜 꽃이라도 열흘 붉기 어렵고, 제아무리 둥근 달이라도 금세 이지러지기 마련이듯 우리의 인생도 그와 같은 것이라. 불콰해진 얼굴에 감돌던 그 취흥의 순간이 어스름한 달빛처럼 묘한 슬픔을 안겨주던 기억이 새삼스럽다.

이 세상에 존재하는 온갖 종류의 꽃들은 그 모양이나 빛깔도 제각각 다르다. 같은 이름의 꽃이라도 때에 따라 다르고 장소에 따라 다르다. 아침 꽃 다르고 저녁 꽃 다르다. 들판에 필 때, 물가에 필 때, 산중에 필 때 다르다. 날씨에 따라, 시간에 따라, 보는 주체에 따라서도 다르다. 꽃에 정해진 본질은 없다. 꽃이 불러일으키는 정서 역시 규정할 수 없다. 꽃은 다양하고 개별적이며 독자적이고 개성적이다.

그러나 화무십일홍花無十日紅이다. 열흘 붉은 꽃 없다는 것은 누구도 부인할 수 없는 모든 꽃의 공통된 속성이다. 세상 아름다운 것이 꽃이라고 하지만 며칠을 못 가서 져버리고 만다. 개화의 기쁨은 잠시뿐이고 낙화의 비감은 더 오래 남는다. 그래서인가, 사람들은 유난히 지는 꽃에 민감하다. 동백은 '눈물처럼 후드득' 떨어지고, 벚꽃은 '낱낱이 바람에 날려 산화'하고. 목련은 애당초 흙에서 나온 것임을 증명하듯 '흙빛으로 무너져 내린다'고 탄식한다. 물론 '결별이 이룩하는 축복'이라 열매를 위안 삼기도 하지만, 그 또한 이별로 인한 것이 아닌가.

'피는 건 힘들어도 지는 건 잠깐이더군'하고 속수무책 바라볼 수밖에 없는 꽃의 허무는 곧잘 인생에 비유되곤 한다. 꽃이 피고 지는 것이나, 사람이 나고 죽는 것이나 모두 한순간에 지나지 않음을 몸소 체득한 결과다. 지금은 가고 없는 저 우리 동네 어른들도 꽃은 금방 지고 삶은 길지 않다는 것을 일찌감치 깨우친 것이리라. 그렇지 않고서야 어찌 그리 흥을 냈겠는가. 진달래가 피었다고, 누구네가 시집 장가를 갔다고, 누구네는 환갑을 맞았다고 그때마다 '놀기'를 빼놓지 않은 것은, 그 순간이라도 붙잡고 싶은 애틋한 아쉬움에서였을 것이다.

나이를 먹어갈수록 꽃에 눈길 주는 날이 늘어간다. 아름다움을 추구하는 인간 본래의 탐미심도 있겠지만, 그보다 잠깐이면 떠나버릴 것을 아는 까닭이다. 또 꽃은 얼마나 매혹적인가. 꽃의 향기와 빛깔은 인간을 잡아끌기 충분하다. 꽃은 그 향기와 자태를 뽐내면서 끈질기게 인간을 유혹해 왔다. 유혹만 하지 기다려 주는 일은 없다. 그 때문에 사람들은 서둘러 꽃구경을 나서고, 찰칵찰칵 사진을 찍어 불멸의 순간을 만들고자 애쓴다. 모습은 사라지고 없을지라도 사진에 박힌 순간만은 어쩌면 영원할 수도 있지 않겠는가.

이맘때면 나도 빠지지 않고 꽃구경을 나선다. 만화방창한 봄도 아니고 햇볕 쨍쨍한 한여름에 무슨 꽃구경인가 싶겠지만, 이 계절에만 볼 수 있는 진풍경을 놓치고 싶지 않아서다. 장마가 끝난 여름날의 햇살은 그야말로 땡볕인데, 그 땡볕 아래 펼쳐진 화창한 꽃동산이 여기가 무릉인 듯 선경을 이룬다.

꽃구경은 땡볕에서도 좋고 구름 풍성한 날도 좋지만, 비바람 몰아치는 날이 더욱 좋다. 그곳 누마루에 앉아 차라도 한 잔 홀짝이고 있거나 혹은 별생각 없이 멍하니 있을 때, 갑자기

천둥번개 동반한 소나기라도 내려보라. 후끈한 열기는 가시고 금세 청량해진 공기가 온몸을 간질일 것이다. 비바람 불고 꽃잎 휘날려 그 꽃잎 풀밭 위에 뒹굴 때면, 그대도 한 잎 꽃잎처럼 가벼워진 것도 알게 되리라. 그런 날은 낙화의 서러움 같은 건 잊어도 좋다.

 연못을 가운데 두고 가장자리를 빙 둘러심은 나무들은 지팡이를 짚고 선 것도 있고, 구멍이 뻥 뚫려 땜질해놓은 것도 있다. 굵고 매끈한 몸피에 멋대로 뻗은 가지는 보는 눈을 압도한다. 못에 비친 하늘과 그 하늘에 다시 핀 꽃가지와 떨어진 꽃잎들의 잔해가 물결처럼 어여쁘다. 열흘 붉은 꽃 없다고 하지만, 배롱나무 진분홍 꽃은 석 달 열흘을 붉어 있다. 아래 꽃은 떨어지고 위 꽃은 피어나며 '아무도 모르게 거듭나고 거듭나는' 꽃이다. 피고 지고, 지고 또 피어서 화무십일홍의 허무를 잊게 하는, 끈질기게 생의 비의秘義를 보여주는 꽃이다.

4부

그 길목 능소화

우는 벌레

간밤엔 스르르 잠이 들었다. 별로 뒤척이는 일도 없이 눕자마자 곯아떨어진 모양이다. 사실 이사 온 첫날 밤이라선지 유독 긴장이 되었다. 잠자리가 뒤숭숭하면 어떡하나 내심 걱정이 되었던 것인데, 아침까지 쭉 꿈도 없이 잘 잤다. 수시로 악몽을 꾸던 때와는 달리 모처럼 깊고 편안한 잠이었다. 그것만으로도 적이 안도감이 들었다. 꿈 없는 잠이 오히려 반갑기까지 했다. 백지에는 무엇이든 그려볼 수 있듯이.

창문을 열자 새소리가 쏟아졌다. 싱그럽고 활기찬 소리였다. 엊그제 처음 집을 보러 왔을 때도, 그때도 새들은 청량한 샘물을 퍼 올리듯 맑게 찰랑거렸다. 일순 마음이 환해졌다. 앞에 숲이 우거지고, 새들이 반겨주고… 더는 바랄 것이 없어 보었다. 매사 심사숙고가 정답은 아닐 터. 내 생전 그렇게 신속한 결정을 해보기는 처음이었다.

이사를 했다. 집이 낡아서도 아니고, 더 넓은 평수를 원한 것도 아니고, 새집을 찾는 것도 아니었지만 살다 보니 어쩔 수 없는 일도 일어났다. 철부지 아이들이 성인이 되고, 그만큼의 이야기가 전설처럼 쌓인 곳이었다. 하지만 그 집에 영원히 살 일은 없는가 보았다. 우리집을 우리보다 더 욕심내는 사람이 있다는 건, 이제 떠날 때가 됐다는 말이었다. 구태여 미련을 남길 일도 없이 쿨하게 돌아섰다.

세상에 잃기만 하는 일은 없는 것 같았다. 아니 잃은 것보다 더 많은 것을 얻기도 하는 것이 인생사인 게 분명했다. 삶은 텅 빈 채 가득 찰 수도 있고 폐허에 꽃이 필 수도 있는 것이었다. 드디어 나도 정원을 거느린 사람이 되었다는 말이다. 밖에서 보기엔 삭막하고 건조해 보일 뿐이지만, 안으로 들어오면 청정한 푸른 숲을 마주하게 되는 곳, 별천지가 따로 없었다. 소유냐 존재냐의 문제를 따져 보기 전에 먼저 나무를 만나고 새를 만나고, 그리고 숲의 능선을 따라 해가 뜨고 달이 떠오르는 풍경을 상시로 만나게 되는 곳. 꿈은 이루어진다고 하지만 이렇게 쉽게 이루어질 수도 있다는 걸 미처 몰랐으니, 나는 크게 한방 얻어맞은 것이었다.

다시 밤이 되었다. 짐들은 얼추 자리를 찾았고 어수선한 집

안도 말끔해졌다. 숲은 어둠에 잠겨 있고 피곤한 나도 자리에 누웠다. 이미 첫날밤을 치른 후이니 몸도 마음도 한결 가벼웠다. 납작 누워 있는 틈으로 문득 한 소리가 들려왔다. 어서 내가 눕기를, 아니면 모두가 잠잠해지기를 기다렸던 것일까? 처음엔 소곤거리듯 작은 소리더니 이내 온 천지를 가득 채워 버렸다. 가을밤 벌레 우는 소리라는 걸 모르지 않지만, 있는지 없는지 보이지도 않던, 내내 침묵하던 것들의 소리가 저토록 크고 분명한 것이라니! 이게 정말 저 작은 것들의 소리가 맞나? 귀를 쫑긋했다.

벌레들은 더 흥건히 울었다. 서로 무슨 교신이라도 하는 듯, 풀숲 낮은 곳에 은신한 전령들의 타전음이 일사불란 바지런히도 울렸다. 어떤 것은 츠르르르릇 츠르르르릇… 하고 울고, 어떤 것은 찌이 찌이… 하고 울고, 어떤 것은 수잇 수잇… 하고 울었다. 또 어떤 것은 찌르르 찌르르… 울고, 어떤 것은 또르르르 똘똘 울고, 어떤 것은 호르르르… 하고 울었다. 함께 질러대는 환희의 함성인 듯 혹은 제각기 토해내는 구구한 사연인 듯 큰 소리로 우는 놈, 들릴 듯 말 듯 작은 소리로 우는 놈, 숨넘어가듯 자지러지게 우는 놈, 끊어질 듯 이어질 듯 소리를 삼키며 우는 놈, 자랑하듯 우는 놈, 괴로워하며 우는 놈, 원망하듯 우는 놈, 위로하며 달래듯 우는 놈, 유리걸식하듯 우는 놈, 한가하게 우는 놈, 바쁘게 우는 놈, 기뻐서 우는 놈, 슬퍼서 우는 놈… 울지 않는 놈이 없었다.

　모든 것은 서로 연결되어 있다고 했던가. 저 울음도 그런 것이 확실했다. 오던 잠이 달아나고 문득 콧날이 시큰했다. 벌레들은 나에게도 울어보라고 말하는 듯했다. 한바탕 울기 좋은 밤이라고, 크게 한번 울어보라고. 우리 함께 실컷 울어나 보자고 토닥이는 듯도 싶었다. 달래야 하는 울음도 있지만 울어야만 달래지는 울음도 있나니 지금은 울어야 할 때라고 소리쳐 일러주는 것 같았다. 어둠 깊고 소슬한 밤에는 우는 것도 필요한 법이라고….

　나는 소리 죽여 젖은 눈을 굴렸다. 저 간곡한 사랑을, 정처 없는 희망을, 쓰린 기억 들을 미아처럼 전전하였다. 그러다 슬며시 밖으로 나왔다. 바깥은 숫제 벌레들의 영토였다. 쏟아지는 충성蟲聲에 온 밤이 무르녹고 있었다. 그 밤, 나도 한 마리 우는 벌레였다.

여름의 조각들

마을 앞에 강이 있었다. 어디가 시작이고 어디가 끝인지 알 수 없었지만, 강은 언제나 그곳에 있었다. 그 강에서 여름이면 멱을 감았다. 하루에도 몇 번씩 물속을 첨벙댔다. 처음에는 강가 얕은 곳에서 물장구나 치며 놀다가 차츰 헤엄을 칠 수도 있게 되었다. 바닥에 발을 대지 않고도 몸이 떠올랐고 물 위에 누워서 하늘을 볼 수도 있었다.

나는 등 밑을 간질이는 물 위에 누워 끝도 없는 하늘을 보는 것이 그렇게도 좋았다. 또래 친구들이 바로 옆에 있었지만, 물에 등을 대고 누울 때면 혼자라도 좋았다. 그럴 때면 왁자한 친구들의 소리는 아득히 멀고, 눈부셔 바라보기도 힘든 하늘의 태양이나, 저 건너 높이 솟은 검푸른 산마루나, 그 아래 층

층이 내려앉은 자잘한 논밭들이 닿을 듯이 가까웠다. 꼬부라져 돌아가는 긴 황톳길도, 구름이 피워내는 기묘한 형상들도 다 내 머리 위에 있었다. 나는 남실대는 강물 위에 조각배처럼 떠있었다. 찰싹이는 물의 노래를 들으며 긴 꿈을 꾸곤 하였다.

느티나무가 있었다. 우람하고 늠름한, 세상에서 가장 큰 나무였다. 바닥에서부터 두 갈래로 뻗어 올라간 나무는 높다란 동산처럼 부풀어 있었다. 옆에는 사방이 툭 터진 회관(유산각)이 있었다. 어른들은 그곳에서 낮잠을 자기도 하고 이야기꽃을 피우기도 했다. 아름드리 나무는 우리가 차지했다. 멱을 감다 지치면 나무 아래서 놀았다. 가지 위로 올라가는 개미를 잡아다 땅 밑에 구멍집을 만들어 주기도 하고, 자잘한 돌들을 주워 독잡기(공기놀이)를 하기도 했다. 그것도 시들해지면 다시 물속으로 들어갔다. 강기슭 낮은 언덕에서 풍덩 다이빙도 하고, 물귀신처럼 잠수놀이도 하고, 한참씩이나 물 위에 누워 하늘의 구름과도 놀았다.

햇볕 쨍쨍한 날이면 누렁이도 봉선화도 축 늘어져 있기 일쑤였지만 우리는 가만있지를 못했다. 덥다 싶으면 강물로 뛰어갔고, 다시 나무 아래 모여들어 젖은 몸을 말렸다. 여름 내내 이쪽저쪽을 오가느라 더울 틈도 없었고 심심할 새도 없었다.

나무 위에선 매미가 울었다. 끊어질 듯 이어질 듯 그악스레 울었다. 매미의 울음에는 막무가내 떼쓰는 아이의 고집이 들어있는 것 같기도 하고, 뭔가 멈출 수 없는 갈망 같은 게 들어있는 것도 같았다. 그 소리에는 기쁨도 있고 슬픔도 있고 어떤 각오도 배어 있는 듯했다. 몇 년 동안을 어둠에 갇혀 죽은 듯이 살았으나 이제 새 생명을 얻었노라 만천하에 고하는 소리였다. 한 점 작은 알이었다가 애벌레였다가 드디어 날개 돋친 매미가 되었노라, 깃털 하나 발톱 하나 건드리지 않고 온전한 자유를 얻었노라, 맴맴맴맴 목청껏 외치는 것 같았다.

나무 아래 매미의 허물이 떨어져 있었다. 매미 형태 그대로 빈껍데기였다. 제 몸을 빠져나온 매미는 벌써 저 위로 날아가고 없었다. 행여 살았을까, 조심조심 잡아 올린 매미는 텅 비어있는 허깨비였다. 무늬만 살아있는 탈각의 흔적이었다. 땡볕에 그을려 붉게 탄 내 어깨에도 그 흔적이 역력했다. 조각조각 허물이 벗겨지고 그 아래 희고 뽀얀 속살이 드러나면 몸도 마음도 한결 정결해진 느낌이었다.

해질녘이면 방안에 모기장이 쳐졌다. 방안에 또 하나의 방이 생긴 것이다. 가슬가슬한 감촉에 바람도 숭숭 통하는 청록색의 방이었다. 그 방을 드나들 땐 최대한 몸을 낮춰 기어들다시피 해야 했다. 행여 모기가 따라올까 신속하고 정확한 동작이 필요했다.

 청록의 방 안에는 엄마와 언니와 나 그리고 이야기가 있었다. 옛날 옛적에 산에 나무하러 간 할아버지도 있었고, 구수한 된장국을 끓여내는 가난한 할머니도 있었다. 웃음도 있었고 눈물도 있었다. 달빛도 있었고 바람도 있었다. 모기장 안에는 모기만 없고 있을 건 다 있었다.

 모기는 한사코 안을 넘봤지만 좀처럼 들어오기는 어려웠다. 그러나 끝내 틈입에 성공한 모기 한 마리는 꼭 있기 마련이었다. 놈은 음흉했다. 낮에는 숨고 밤에는 나타나 고혈을 빨아 먹고 다녔다. 문제는 그 집요함이었다. 한 번의 흡혈로는 양이 차지 않는지, 밤새도록 앵앵거리기를 멈추지 않았다. 그런 날의 아침은 더 빨리 오곤 했다. 대숲에선 새들이 조잘대고 감나무 위에선 매미가 왜장치는 소리. 벌써 아침이 시작되고 있었다.

채울 수 없는 결핍, 할머니

어렸을 때도 그랬지만 지금도 할머니 이야기를 하는 사람들을 보면 참 부럽다. 할머니 무릎을 베고 할머니가 해주는 이야기를 들으며 자랐다거나, 할머니의 음식 맛을 잊지 못한다거나, 할머니와 어디를 다녀왔다거나, 할머니로부터 무엇을 배웠다거나…. 그런 얘기를 들을 때면 공연히 샘이 난다. 나에게도 할머니가 있었다면, 그래서 할머니가 해주신 할머니의 이야기를 듣고 자랐더라면 좀 더 풍부한 감성과 상상력을 갖추었을 텐데 싶고, 할머니의 사랑을 조금이라도 느껴보았더라면 더 따스한 사람일 수도 있었을 텐데 싶어지는 것이다.

우리 할머니는 내가 태어나기도 훨씬 전에 작고하셨다. 할아버지도 마찬가지였다. 하필이면 나는 아들도 딸도 넉넉한 집안의 맨 끝에 태어나는 바람에 그분들의 존재를 전혀 모르고 살았다. 할머니는 엄마에게는 몹시 냉정하고 심술궂은 시어머니였으나 손주들만큼은 끔찍이도 위하는 분이셨고, 할아버지는 비가 와서 곡식이 떠내려가도 그저 글 읽기에 몰두한 백면서생이었다는 정도만 들었을 뿐이다. 그것만으로도 두 분이 어떤 모습이었을지 상상이 가지만, 상상만으로는 채워지지 않는 무엇인가는 늘 있기 마련이다.

외할머니가 계시기는 했다. 그러나 역시 내가 어렸을 때 돌아가셨기 때문에 남아 있는 것이 별로 없다. 기억 속의 할머니는 쪼글쪼글 주름진 얼굴에 머리는 하얗게 세었고 비녀를 꽂았으며 체구는 작고 가늘었다. 어느 여름날 아침 할머니를 따라 마을 앞 개울가에서 세수하는 장면과 그때 그 개울물, 그리고 그때쯤 막 떠오르기 시작한 유난히 눈부셨던 태양이 떠오른다. 앓아누우신 할머니가 머리맡의 지폐 한 장을 꺼내 꼭 쥐여 주시던 것도, 쭈뼛거리는 내 손을 한참이나 붙잡고 계시던 것도 잊지 못한다. 그런 기억들은 유효기간도 부작용도 없이 다만 포근하고 아름답게 남아 있다. 좀체 지워지지도 사라지지도 않는 동굴 속의 벽화처럼.

엄마의 엄마인 외할머니가 나를 바라보는 눈빛은 각별했다. 그때는 몰랐지만 생각할수록 그런 느낌이 들곤 한다. 선뜻 다가서지 못하고 엄마 치맛자락이나 붙들고 서 있는 조그만 여자아이를 할머니는 대뜸 안아 올리셨다. 나는 포로가 된 듯 순순히 투항했다. 굳이 밀어내거나 저항할 필요가 없다는 걸 본능적으로 알고 있었는지도 모르겠다. 혹은 할머니와 나 사이에는 이미 서로 충분한 교감이 일어나고 있었던 것인지도 모르겠다. 말하지 않고도, 피에서 피로, 저절로….

TV를 보다 할머니와 의지해 사는 아이들의 사연을 접한다. 참으로 딱하고 먹먹한 이야기들이다. 부모의 이혼 후 할머니 손에 자라고 있는 두 형제. 할머니는 부모 없이 자란 티가 나지 않도록 최선을 다해 손주들을 돌본다. 좋은 옷과 신발은 아니어도 언제나 깨끗이 입히려고 애쓰고, 간식비라도 벌기 위해 부업에서 손을 놓지 않는다.

교통사고로 아빠를 잃고 엄마마저 집을 떠나게 된 아홉 살 소녀는 할머니와 함께 산다. 할머니는 양쪽 무릎이 고장 난 데다 혈압에 당뇨를 앓고 허리까지 굽었지만, 손녀를 위하여 힘든 농사일을 그만두지 못한다. 할머니마저 떠나면 어쩌나 겁부터 나는 아이는 서툰 솜씨로 밥상을 차리고 밭일을 거든다. 아이와 할머니는 서로에게 유일한 위안이자 버팀목이다.

할머니는 '부모의 어머니' 혹은 '나이가 든 늙은 여성'을 일컫는 말이지만, 사전적인 풀이만으로는 다 설명되지 않는다. 할머니가 품고 있는 것은 그보다 훨씬 더 크고 깊다. 할머니라는 말은 원래 '한+어머니'라고 한다. '할'은 '한'이 변형한 것으로

'한'은 '큰'을 의미하는 고유어다. 그러니까 할머니는 '큰 어머니', '위대한 어머니', '대모(大母, Great Mother)'의 뜻을 가진 말이다. 할머니라는 말에 담긴 크고 넉넉한, 포근하고 따스한 이미지는 그로부터 비롯된 것일 테다.

할머니에게는 깨지고 부딪치면서도 끝까지 살아낸 사람의 체험적 깊이가 녹아 있다. 주름지고 볼품없는 모습일지라도 그 속에는 생명을 낳아 품고 길러온 거인의 혼이 깃들어 있다. 세상을 창조하고 인간을 품에 안은 포용의 힘. 어쩌면 신화 속의 '마고할미'나 '설문대 할망', '삼신할머니'의 강인한 생명력이 우리의 할머니로 이어 온 것이 아닐까.

모든 할머니가 다 그런 것은 아니지만, 우리가 기억하는 할머니는 크고 넓고 따스하고 한없이 인자한 존재다. 내게는 채울 수 없는 결핍이기도 하다. 결핍은 욕망을 낳고 욕망은 또 다른 욕망을 불러오게 되는 법. 할머니를 갖지 못한 바에야 그럼 할머니가 되어보는 것은 어떨까? 누군가의 할머니가 되어 내가 받고 싶었던 것을 모두 돌려줄 수 있다면?

'ㅇ'이 있는 풍경

〈청산별곡〉은 고려 때부터 전해오는 우리 고유의 시가詩歌다. 오래된 것들이 늘 그렇듯이 이 노래 역시 누구의 작품인지, 어떤 상황에서 어떻게 지어진 것인지는 모른다. 삶의 터전을 잃은 유랑민의 처지인지, 민란에 떠밀린 농민의 처지인지, 혹은 실연한 사람의 어쩌지 못하는 마음인지 추측만 해볼 뿐이다. 확실한 것이 있다면 그가 누구였든 그다지 유복한 처지는 아니었을 거라는 사실이다. 파산 지경의 몹시도 곤비한 처지거나, 어디 깊숙한 산속이나 외딴 바닷가로라도 가서 그 삶을 견뎌야 하거나. 그러나 망설이고 돌아보며 쉽사리 떠나지도 못하는 사람이다.

그뿐인가. 그는 저항도 분노도 토해내지 못한 채 제 가슴만

치고 있는 사람이다. 시름겹고 눈물겨운 서러운 사람이다. 어디서 날아온 돌인지도 모른 채 맞아서 울고 고통스러워서 운다. 미워할 사람도 사랑할 사람도 없는 이의 쓸쓸하고 절박한 속울음이다. 사정은 다 알 수 없어도 이러지도 저러지도 못하는 사람의 심란한 내면만은 숨이 막히도록 무겁게 와닿는다.

인생은 본디 고해라고 하지만 이토록 숨도 못 쉬게 괴로운 것이라면, 인류의 역사는 진즉에 끝장나고 말았을 것이다. 올 사람도 갈 사람도 없는, 나올 것이라곤 한숨과 비탄밖에 없는 삶이라면 누구도 견디기 어려웠을 것이다. 실망과 절망, 울화와 고통으로 질식할 것만 같아도, 그러나 지푸라기라도 잡고 싶은 것이 사람의 마음이라. 짐짓 딴청을 부려서라도 살길을 궁리하고 억지웃음을 웃어서라도 숨통을 틔워보는 것이다.

"얄리 얄리 얄랑셩 얄라리 얄라"

〈청산별곡〉의 고단한 탄식은, 보다시피 그 사이사이의 휴지休止로 말미암아 전혀 다른 차원으로 전복된다. 물처럼 유유하고 공처럼 가뿐한 후렴구의 반복으로 인해서다. 우리말 같기도 하고 아닌 것 같기도 한, 그 뜻이 무엇인지는 더더욱 모르겠는 엉뚱한 후렴구 덕분에 구구절절 팽팽한 긴장감은 문득 허물어지고 만다. '얄리 얄리 얄랑셩 얄라리 얄라' 연과 연 사이에 징검돌처럼 놓여서 고통을 잊게 하고 또한 유예한다. 흐르는 듯 구르는 듯 'ㄹ'과 'ㅇ'의 원만한 협공에 창자唱者들의 가창은 밝고 산뜻하게 변화한다. 슬픔은 옅어지고 묽어져서 가볍게 흩어진다.

'ㅇ'은 한글 자모의 여덟째 글자로 '이응'이라 읽는다. '알'이나 '얼'에서와 같이 초성일 때는 음가가 없으나, '종'이나 '강'에서처럼 종성으로 쓰일 때는 야무지게 제값을 다한다. 산사의 종소리처럼 가슴을 휘젓기도 하고, 물가의 바위처럼 의연한 기상을 뿜어내기도 한다. 앞에 있다고 으스대거나 뻐기지 않고, 뒤에 있다고 제 역할을 부정하거나 소홀히 하지 않는다. 존재만으로도 은근히 힘이 되는 사람이 있듯이 'ㅇ'의 자리가 그렇지 싶다.

'또 하나의 애국가'로 불리는 〈아리랑〉에서도 'ㅇ'은 유쾌하고 발랄하게 진가를 발휘한다(물론 'ㄹ'도 함께다). 지역 따라 시대 따라 사설이며 곡조는 서로 달라져도, '아리랑 아리랑' 후렴구의 역할은 변하지 않는다. 함께 어우러져 한바탕 추어올리다 보면 흥도 슬픔도 하나가 된다. 마법의 주문처럼 힘이 솟아 나온다. 그까짓 고생쯤은 별것도 아닌 거라, 희한하게 배짱까지 두둑해진다. 만주로 연해주로 시베리아로 정처 없이 떠밀려간 고려인들에게도 '아리랑'은 마법처럼 불렀다. 절망과 두려움과

낙심을 넘어 연대와 결속과 희망을 낳게 하였으니, 누구라도 그 은근하고 야무진 결기를 거부할 수는 없었으리라.

"아리아리랑 쓰리쓰리랑 아라리가 났네에헤 아리랑 응응응 아라리가 났네"

이참에 응응으응! 콧소리도 내어보고 어깨도 한번 들썩거려 볼까. 그 틈에 웃음도 끼어들고 스르륵 뭉친 것도 풀려날 것이니, 부르려거든 '진도 아리랑'이나 한판 걸판지게 뽑아볼 일이다.

"안뇽?"
"ㅋㅋ뭐하시낭~~"

친구 K. 그의 문자에는 늘 'ㅇ'이 달려 있다. 낭랑한 콧소리가 새삼 반갑다. 물결에 실려 온 바람처럼 부드럽게 감긴다. 문자에도 표정이 있고 느낌이 있고 온도가 있어서 건너편의 마음이 훤히 들여다보인다. 심하게 좌절 중인 얼뜨기 지우知友 하나 '살려'보려고 은근 귀염을 떨어보는 것일 테다. 이야기 끝에 그는 더 많은 'ㅇ'을 모셔 온다.

"…다 자~알 될 꺼임. 너무 걱정하덜 마시옹~~"

그의 'ㅇ' 덕분인가. 바닥을 치던 마음이 한결 가벼워진 듯하다. 말끝에 'ㅇ'을 하나 받쳐 놓았을 뿐인데. 저 고려 때부터 발휘해온 솜씨가 오늘도 진보 중인가 보다.

그 길목 능소화

   능소화가 피었었다. 그 길목 높은 나무 위였다. 어느 아침 문득 눈에 띈 이후 여름 내내 환했다. 창창한 하늘을 뒷배 삼아 휘영청 늘어져 있었다. 희소식을 안고 온 천사의 나팔처럼, 춤추는 무희의 상기한 얼굴처럼 단아하고 도발적인 맵시였다. 농익은 황홍빛 화안花顏이 지나가는 발길을 붙잡고 한참씩이나 쳐다보게 할 만큼 매혹적인 꽃이었다.
   세상에 질투 없이 바라볼 수 있는 것이 있다면 그것은 꽃이라는 이름일 것이다. 꽃은 미적 대상이지 시샘의 대상이 아니다. 신라 최고의 미인 수로부인도 절벽 위의 두견화를 탐내기는 했어도 시샘하는 마음은 내지 않았다. 그 꽃 꺾어 바치오리다 했던 노옹의 말씀도, 수로의 마음에 대한 지극한 헌사였던 것이지 다른 뜻은 없었으리라.

푸른 솔을 휘감고 오른 공중의 능소화도 수로부인의 꽃처럼 아스라한 꽃이었다. 손도 발도 닿을 수 없는, 오직 눈길만이 허용되는 멀리 있는 꽃이었다. 등불처럼 환한 동경의 꽃이었으며, 닿을 수 없어 더 아름답고 고아한 꽃이었다. 늘어진 끄트머리쯤을 살폿 치켜 올려 낭창낭창 생의 열락을 노래하는 꽃이었다.

능소화는 떨어지는 순간까지도 아직 싱싱한 채였다. 한 차례 소낙비가 왔다 가거나 바람이라도 세게 불고 난 후면 지레 떨군 꽃송이들이 바닥에 수북했다. 가야 할 때를 아는 것처럼 낙화의 순간에도 품위를 잃지 않는, 높은 데서도 낮은 데서도 생글생글 어여쁜 꽃이었다.

다시 꿈을

어젯밤 꿈이 어땠더라?

무슨 중요한 일을 앞두고 있거나 몹시 기다리는 일이 있을 때면 으레 꿈을 떠올려보곤 한다. 어떤 꿈을 꾸었는지, 꾸고 난 뒤의 기분은 어땠는지에 따라 일의 성패를 가늠해보는 버릇 때문이다. 그리고 그게 맞아떨어진 경우도 더러 있었던 까닭이다. 하지만 꿈은 내 의지와는 별 상관도 없는 듯하다. 황당하고 무질서하고 말도 안 되는 것투성이일 때가 대부분이다. 호박이 넝쿨째 굴러들어오기를 바란다고 그런 꿈이 꾸어지던가? 황금 돼지꿈을 꾸고 싶다고 그게 그렇게 되던가?

꿈은 '잠자는 동안 경험하는 일련의 심리적 현상'을 가리키는 말이다. 그러나 '실현하고 싶은 희망이나 이상' 혹은 '실현될 가능성이 아주 적거나 전혀 없는 헛된 기대나 생각'을 일컬을 때도 꿈이라고 한다. 잠을 통해 꾸는 것이나 마음속에서 일어나는 것이나 다 같이 꿈이라 불린다. 그러니까 꿈이란 딱히 손에 잡히는 것은 아니지만 분명히 있긴 있는 것이다. 신기루처럼 있다 없다, 보였다 안 보였다 하는 게 문제라면 문제겠다.

보이지 않고 잡히지도 않는 꿈은 나도 모르는 나의 가장 은밀하고 사소한 영역인지 모르겠다. 나도 모르는 나의 무의식이 밤이 되어서야 비로소 활개를 쳐보는 것일 수도. 하지만 그것은 아무 맥락 없는 것이라기보다 이미 있는 것들, 경험한 내용의 변형이거나 재편성된 것일 확률이 높다. 낮에 경험한 일들이 기억 속에 잠재하다가 꿈의 재료로 사용되는 것이다. 꿈은 밤을(혹은 잠을) 무대 삼아 기꺼이 난장을 벌이다가 아침이면 잽싸게 몸을 감추는 도깨비 같은 것인지도 모르겠다.

이런 속성 때문일까. 오랜 옛날부터 꿈은 사람들의 좋은 얘깃거리가 돼주었다. 꿈에는 무엇이나 가능하므로 어떤 이야기라도 꾸며낼 수 있었다. 꿈을 빌려 제 안의 욕망을 털어놓기도 하고, 자신의 속마음을 들여다보기도 했으며, 앞날을 예견해 보기도 했다. 도깨비방망이 휘두르듯 하룻밤 사이를 뚝딱 다녀간 그 꿈들은, 발칙한 욕망에 사로잡힌 이에게는 인생의 의미를 일깨우는 수단으로, 또는 세상에 대한 쓴소리를 담거나 자신의 이상과 신념을 표현하는 틀로도 활용되었다.

《삼국유사》의 '조신'이나 〈구운몽〉의 '성진', 그들의 꿈은 현실에서는 용납될 수 없는 위험천만한 것이었다. 사랑, 부귀, 성공, 재물, 권력 같은 것들. 그것은 분명 본분을 망각한 세속적이고 헛된 욕망이었다. 〈대관재기몽〉의 주인공, 그가 꾸었던 것도 헛된 것이기는 마찬가지였다. 자신을 인정받지 못하는 불우한 현실과는 달리 각별한 환대를 받으며 승승장구 출세가도를 달리지만, 그건 결국 꿈이지 않았는가.

이런 이야기들은 대개 헛된 꿈에 대한 경계로 해석되곤 한다. 욕망 혹은 꿈의 덧없음을 깨닫고 현실을 직시하며 살라는 교훈을 끌어내기도 한다. 그러나 그게 전부는 아닐 것이다. 꿈을 꾸는 동안, 그리고 그 꿈을 기록하는 동안의 표정을 상상해보라. 현실과는 다른 삶을 살아본다는 것, 세상의 부귀영화를 다 가져보는 것, 생각대로 된다는 것, 그것은 얼마나 큰 성취이며 매혹인가. 그 순간들이야말로 진짜 행복, 최고의 경지가 아닐 수 없다.

진실로 경계해야 하는 것은 오히려 '꿈 없음'이 아닐까. 꿈도 없이 살아간다는 것, 꿈마저도 꿀 수 없다는 것. 그것처럼 절망적이고, 그것처럼 막막하고, 그것처럼 쓸쓸한 건 없을 테니까.

TV를 보다가 문득 한 가수의 노래를 들었다.

'…꿈은 버리고 두 발은 딱 붙이고 세상과 어울려 살아가면

되는데…'

　절규하듯 토해내는 음성이 눈길을 끌고 마음을 움직이고 다시 뭔가 꿈틀거리게 하였다. '꿈은 버리고'라고 했지만 그것을 어찌 버릴 수 있으랴. 꿈마저 없다면 이 '작고 외롭고 흔들리는' 삶을 어찌 견디리. 그러니 다시 꿈을 꾸자. '춥고 아프고 위태로운' 밤에는 꿈을 꾸자. 다시 꿈을, 희망을….

어쩌다

어쩌다 나는 개와 노는 것을 더 좋아하게 됐을까? 닮은 데라곤 하나도 없는 네발 짐승에게 발목 잡혀 어쩌다 그의 반려 노릇을 하게 됐는지 모르겠다. 그뿐인가. 요즘엔 고양이도 좋고 까마귀조차도 사랑스럽다. 그들을 보고 있으면 그저 즐겁다. 마음도 순해지고 맑아지는 듯싶다. 사람들을 만날 때 보다 그들과 있을 때 더 고요하고 평화롭다. 어쩌다 이렇게 되었을까? 모두 내가 질색하던 것들이지 않은가 말이다. 이러다가 혹시 내 주변엔 사람 친구는 하나도 없고 개나 고양이, 까마귀 들만 와글거리는 거 아닐까?

돌아보건대 그건 순전히 K 때문이었다. 그는 좀체 말이 없었다. 얼굴 한 번 쳐다보면 그것으로 끝이었다. 나한테만 그러는지 다른 사람에게도 그러는지 모르지만, 그건 참 서글픈 일이었다. 눈만 댕그랗게 굴리고 있는 그깟 개한테는 수시로 이름을 부르며 방싯거리기도 하고 까불거리기도 하면서 동족인 나에게는 어찌 그리도 인색한지, 그때마다 의구심이 솟구치지 않을 수 없었다. 개란 무엇인가. 대체 무엇이 저 굳은 표정을 해낙낙 풀어지게 하는 걸까.

적을 알려면 적진으로 들어가야 한다고 했던가. 마침 K의 개가 새끼를 낳았다. 그놈을 데려와 길러 보기로 했다. 상상도 해본 적 없는 개와의 동거가 시작되는 순간이었다. 그것은 개가 중한지 사람이 중한지, 말하자면 무엇이 중한지 모르는 삶의 시작이기도 했다. 나의 언어는 점차 K를 닮아갔다. 꼴불견이라 여겼던 것들을 똑같이 하는 것도 모자라 어디든 놈을 동반코자 했으며, 밖에 나갔다가도 서둘러 돌아오기 일쑤였다. 이쯤 되면 그를 흉보기는 어려운 일이었다. 오히려 맞장구까지 쳐가며 실컷 개 이야기를 하고 나면 막힌 것이 스르르 풀리면서 입가에는 미소까지 걸렸다.

개와 살다 보니 그 비스름한 것에도 눈길이 갔다. 나는 별로 싫어하는 것이 없는 두리뭉실한 성격이지만 뱀과 고양이만은 유독 싫었다. 뱀은 불쑥, 문득, 스르륵 기어 나와 혼비백산 나자빠지게 하는 징그러운 놈이어서 싫고, 고양이는 그 눈빛이며 울음이 섬뜩해서 싫었다. 다행히도 뱀은 이제 마주칠 일이

거의 없는 아득한 존재가 되어 버렸지만, 고양이는 나날이 세를 넓혀가는 중이다. 놈들은 거만한 듯, 도도한 듯 거리를 유지한 채 상대를 쏘아본다. 어쩌다 놈과 딱 마주치는 때가 있는데, 그럴 때면 풀숲이건 자동차 밑이건 후다닥 피해 든다. 곧장 경계 태세에 돌입해서는 눈도 깜빡하지 않고 뚫어지게 쳐다본다. 그 바람에 나는 움찔 쫄기까지 한다. 놈은 나의 움직임만을 보고 있는 것이 아니라 내 안창까지 투시하는 것 같다. 나도 모르는 나, 알고도 눈 감고 있는 내 허물을 훤히 꿰뚫고 있는지도 모른다.

언제부턴지 가뜩이나 질색하던 마음은 사라지고 괜스레 반가운 마음이 들기 시작했다. 어느 아침, 동네를 산책할 때였다. 고양이 한 마리가 길 한가운데를 걸어오고 있었다. 양쪽으로 계수나무들이 서있는 좁은 길이었는데, 아직 어둑한 길을 놈은 약간 고개를 숙인 듯 느릿느릿 걷고 있었다. 제법 어엿하고 당당한 걸음걸이였다. 심지어 우아하기까지 했다. 나는 걸음을 멈췄다. 놈은 훌쩍 숲으로 비켜 들었다. 나무 아래 몸을 굽히고서 활짝 열린 큰 눈으로 나를 응시했다. 나도 한참이나 놈을 바라보았다. 마치 어느 아득한 순간에도 그랬던 것처럼….

며칠 후 고양이를 다시 만났다. 놈은 새끼를 네 마리나 거느리고 공원 숲에 살고 있었다. 가슴께는 하얗고 나머지는 갈색 줄무늬로 뒤덮인 놈 세 마리와 온통 까만 놈 한 마리였다. 새끼들은 갈색과 까만색과 흰색 무늬를 두른 어미의 생김새를 고루 나누어 닮은 듯했다. 요놈들은 바위에 나란히 앉아 있기도 하고, 따로 떨어져 졸고 있기도 하고, 나무 위를 오르내리며 장난을 치기도 하는데, 그렇게 천진해 보일 수가 없었다. 무엇이든 새끼들은 다 그렇게 이쁜가. 가만히 놈들을 바라보고 있노라면 여기가 파라다이스가 아닐까 착각이 들기도 했다.

까악까악, 지금 막 울고 가는 저 까마귀란 놈도 그렇다. 온통 새까매서 볼품이라곤 없는 데다 목소리마저 거칠고 탁하다. 그래서 얻은 평가가 재수 없다, 불길하다, 였을 텐데 저네는 그러거나 말거나 신경도 안 쓰는 것 같다. 온 하늘이 울리도록 거리낌 없이 내지르는 저 탁성의 당당함. 하늘을 비끼어 가는 놈들의 울음이 자못 묵직한 파문을 낸다. 애써 다듬지 않은 툭사발 같은 소리가 어쩐지 마음을 끈다.

하 참, 어쩌다 저 까마귀에게까지 닿게 된 걸까?

해 저문 강가에서

수업을 마치고 집으로 오는 길이었다. 학교는 동쪽에 있고 집은 서쪽에 있었다. 그러니까 나는 석양을 바라보며 달리는 중이었다. 처음엔 눈이 부셔 쳐다볼 수가 없었다. 가리개를 내려도 내쏘는 빛을 막을 수가 없었다. 손바닥까지 동원해서야 겨우 달릴 수 있었다. 태양은 아직 광채를 발하는 중이었고 서산에 닿으려면 두어 뼘은 남은 듯했다. 그 사이로 점점 차들은 몰려들고 길은 막히고, 순식간에 저녁이 오고 있었다.

나는 집으로 가는 대신 강변으로 향했다. 어서 돌아가 저녁을 짓고 식구들을 돌봐야 했지만, 자꾸 딴 데로 팔려가고 있었다. 해는 사뭇 매혹적이었다. 발갛고 크고 둥그런 제 몸을 고

스란히 드러내며 어서 오라 손짓했다. 불과 몇 분 전까지만 해도 휘황한 광채를 발하며 쳐다볼 수도 없이 위압적이었던 데 비해 몰라보게 누그러진 모습이었다. 주홍색도 아니고 살구색도 아니고 그렇다고 빨간색도 아닌, 아무것도 섞지 않은 수채물감 하나로 가볍게 붓질한 듯 그윽하고 유순했다. 연하장의 그림처럼 간결하고 단정한, 따스하고 나정한 색조였다.

한 해의 끝자락이어선가. 종강을 하고 난 뒤의 어쩐지 쓸쓸한 기분 때문인가. 나는 도로 위를 달리고 있었지만 곧장 집으로 가기는 싫었다. 누구와 커피라도 한 잔 마시고 싶었지만 딱히 떠오르는 사람도 없었다. 이런 날엔 그냥 혼자인 게 좋다는 거겠지…. 그걸 눈치챈 것일까? 이래저래 심드렁한 나를 저 석양이 끌어주었다. 전혀 위압적이거나 강요하는 기색 없이 정면으로 자신을 마주 보게도 해주었다.

석양이 좋은 건 찡그리지 않고도 바라볼 수 있기 때문일 것이다. 비로소 같은 눈높이에서 대면이 가능한 때문인지도. 혹은 낮에서 밤으로, 발산에서 수렴으로, 소란에서 고요로 '건너가는' 시간이기 때문일 수도 있다. '건너간다'는 것은 그 자리에 그대로 머물러 있는 것이 아니라 용기를 내보는 것이며, 그로 하여 변화와 도약을 예고해주는 것이기도 하니까. 석양에는 뭔가가 나직이 고여 들어오기도 하니까.

이윽고 강변, 차를 세우고 밖으로 나갔다. 해는 이제 막 능선을 넘어가는 중이고, 하늘에는 어느새 꼭두서니빛 노을이 깔렸다. 빛바랜 억새가 나부끼고 이따금 새들이 날아가고, 저만치 강물이 흘렀다. 소복소복 하얀 꽃밭도 있었다. 혹시 목화밭? 그건 아니었다. 어젯밤 내린 눈이 백일홍 마른 줄기에 목화인 양 앉아 있는 거였다. 앞에 가던 노부부가 추억처럼 웃어 주었다.

나는 서둘러 징검다리 쪽으로 향했다. 지난여름 우연히 찾은 그곳에서 붉게 물든 노을을 황홀하게 지켜봤던 것이다. 다시 그 풍경을 볼 수 있을까? 해는 순식간에 넘어갈 것이고, 사위는 금세 어둠에 잠겨버릴 것이므로 나는 거의 뛰다시피 했다. 해지는 풍경은 어디서나 볼 수 있지만, 그것은 숱한 세월만큼이나 다채롭고 다양했다. 계절 따라 날씨 따라 다르고, 보는 사람 마음에 따라서도 달랐다. 벚꽃이나 매화꽃 날리듯이 소리 없이 흩어지기도 하고, 동백이나 모란꽃 지듯이 생글생글 산화할 때도 있었다. 어떤 날은 낮게 가라앉기도 하고, 어떤 날은 회오리처럼 검붉게 타오를 때도 있었다.

회광반조回光返照라고 하던가. 물속에 또 하나의 하늘이 있었다. 해는 이미 산 너머로 건너가 보이지 않는데 그 마지막 잔광인가, 물속에 내려앉아 더욱 오롯해진 것이었다. 제 존재를 규명하듯, 보이는 것과 보이지 않는 것을 되비치듯 소멸 직전의 비상한 향연이었다. 오묘한 색채와 부드러운 질감과 고요한 깊이, 그리고 둥지 찾아 날아가는 새들의 울음까지, 노을 진 겨울 강의 풍경이 꼼짝없이 나를 사로잡고 있었다.

해 저문 강가, 그 여운은 짧으면서도 길었다. 삽시간의 황홀, 축제처럼 달뜨는 시간이었다. 어떤 사람이 말하기를, 노을이 아름다운 것은 그 속에 자신을 불태우고 있는 태양이 있기 때문이란다. 남몰래 행한 선행처럼 주변까지 따스하게 물들이는 감동을 주기 때문이라는 것. 제 역할 다하고도 다시금 내어놓는 지극한 행선行善과 돌이켜 자신을 성찰하는 것도 석양의 미덕이리라.

태양은 이제 희미한 잔광조차 남기지 않고 흔적 없이 사라졌다. 하루가 끝나고 또 한 해가 가고 있다. 내일은 내일의 태양이 뜰 것이다. 오늘 여기에서 다시 또 배운다.

아버지의 말

한때 송규호 선생의 수필선집을 보다 문득 눈길이 머문 곳이 있었다. 졸수에 이른 선생께서 선집을 내시면서, 떨어내고 손볼 데가 많아 시간이 좀 걸릴 것이라고 하자 출판을 맡은 제자 왈, 선생님의 글에서 뭘 더 '출개시겠다'는 것인지 모르겠다고 하는 대목에서다. 문맥상 짐작 못 할 바는 아니었지만, 어쩐지 그냥 넘겨지지가 않았다. 뭐지? 고개를 갸웃거리다 인터넷 검색창에 '출개'라는 단어를 쳐보았다. 친절하게도, 이것을 찾으시나요? 하고는 '솔개'라고 고쳐 묻는다. 칫, 솔개는 무슨. 출개가 맞거든요. 나도 덩달아 중얼거리면서 검색을 계속했다. 기대에는 못 미치지만 그래도 '밑둥 베어지고 잎 지고 잔가지 출개지고'라거나, '세상에 떠도는 만 가지 가치관을 5대 원리로 출개주신 거울님 감사합니다.' 이런 문장이 눈에 띈 건 다행한 일이다. 그만하면 무슨 뜻인지, 어떻게 쓰이는 말인지 짐작이 갔기 때문이다. 그래도 미련이 남아 다시 '출개다'라고 바꿔 쳐보았다. 사전적 의미가 궁금했는데 그건 안 보이고, P 수필가의 글 한 편이 불려나왔다.

　　숫돌 앞에서 나는 지금 낫을 갈고 있다. 뒤란 텃밭까지 파고든 대나무를 츌개다보니 낫이 금방 무뎌진다…

– 박용수, 〈숫돌 앞에서〉 중에서

뜻밖에 검색된 글에서 선명하게 되살아나는 한 장면을 보았다. 양지바른 울담 아래 대나무 다발이 놓여있고, 무엇을 만드시려는지 낫을 든 아버지가 대나무 잔가지를 쳐내고(츌개고) 계신다. '츌개낸' 가지들이 바닥에 쌓여있고 성글어진 대숲은 개운하게 사운댄다. 햇살 맑고 바람 소슬한 늦가을 오후쯤….

아버지는 가지런히 츌개놓은 대나무를 토막 낸다. 토막을 더 쪼개 가는 살을 만들고 끝부분을 구부려 새끼줄로 동여맨다. 아버지는 지금 손수 갈퀴를 만들고 계시는 중이다. 동여맨 갈퀴살을 솥에 넣고 아궁이에 불을 지펴 푹푹 삶는다. 뜨거운 물속에서 한껏 단련한 갈퀴살을 꺼내 그늘에 말린다. 잘 마른 갈퀴살을 열 개나 열두어 개쯤 부채모양으로 펴서 끝을 묶고 거기에 긴 자루를 맨다. 마침내 아버지의 손끝에서 갈퀴 한 자루가 탄생한다. 갈퀴는 희고 푸르고 단단하고 당당하기까지 하다. 그것은 이제 콩이나 벼, 보리 등의 타작마당에서는 물론 아궁이에 들어갈 솔가리를 긁는 데도, 마당을 청소하는 데도 없어서는 안 될 물건이 될 터였다. 아버지의 손을 대신해 줄, 아버지가 만든 아버지의 연장이자 아버지의 예술이었다.

촐기다, 촐개다, 촐갠다…
요 며칠 이 말에 끌려 있다. 굳이 그 뜻을 설명하자면 '필요 없는 부분을 쳐내어 없애다'쯤이라고 할 수 있겠다. 쓸만한 것을 골라내고 추려내어 가지런히 하는 일. 이 말은 대나무를 촐개고, 잔가지를 촐개고, 쭉정이를 촐개면서 쉼 없이 촐개는 일을 하고 살아오신 우리 아버지의 말이다. 이제는 사투리 사전에서나 겨우 찾아질 만큼 낡고 오래된 말이지만, 그렇다고 아주 사라진 말은 아니다. 담 아래 내리던 투명한 햇살과 거기 불던 바람, 사운거리던 댓잎소리까지도 손에 잡힐 듯 선한데, 보이지 않는다고 어찌 없다고만 할 수 있으랴.

이따금 흠칫 놀랄 때가 있다. 책을 읽거나 영화를 볼 때 혹은 어느 곳을 여행할 때다. 누군가와 이야기를 나누거나 무엇을 먹을 때도 마찬가지다. 어디에 박혀 있었는지 모를 아득한 말들이 '나 여기 있었어!' 하고는 불쑥 고개를 내미는 것이다. 순간 안 보이던 것들이 보이기 시작하고 들리지 않던 소리가 들리기 시작한다. 내 안에 매설되어 있던 수많은 말들이 봄바람에 벚꽃 일 듯이 터져 나오는 것이다. 해묵은 말들의 귀환에 심장이 쿵쾅거린다.

잔가지 졸개낸 대숲에 햇빛이 들어와 있다. 바람도 살랑살랑 가지 사이를 오간다. 사그락거리는 우듬지 너머로 구름이 흘러간다.

> 우리가 풀잎, 풀잎 하고 자꾸 부르면,
> 우리의 몸과 맘도 어느덧
> 푸른 풀잎이 돼버리거든요.
> — 박성룡, 〈풀잎〉에서

'졸개다, 졸개다' 자꾸 읊조리다 보면 나도 조금 단정해질 수 있을까. 단단하고 늘씬한 저 대나무처럼 조금이라도 가지런해질 수 있을까.

글을 쓰느라 자판을 두드리는데 아버지, 잔가지를 졸개시다 말고 물끄러미 나를 건너다보신다.

5부
꽃 밟는 일을 걱정하다

집으로

 눈도 뜨지 못하고 불러도 기척이 없던 어머니가 기력을 되찾으셨다. 팔다리에 부착된 여러 장치를 떼어내고 코와 입에 연결된 관도 제거했다. 어머니의 몸은 한결 가볍고 편안해 보였다. 생사를 넘나드는 사투 끝에 하얗게 다시 피어나신 건가. 어머니의 은발이 달빛 아래 박꽃처럼 소담스러워 보였다. 엷은 미소에는 수줍음이 배어 있었다. 작아진 몸피만큼이나 여리고 순해 보이는 모습이었다.
 어머니가 다시 돌아오시리라고는 아무도 예측하지 못했다. 여든을 훨씬 넘긴 고령인 데다 담당 의사도 마음의 준비를 해두라고 할 만큼 위중한 상태였기 때문이다. 처음엔 가벼운 골절상인 줄만 알았다. 의사도 한두 달이면 퇴원할 수 있다고 했으니까. 그러나 석 달이 넘도록 차도가 없더니 끝내 사경을 헤매는 지경에 이르렀다. 믿기지 않는 일이었다. 그만한 일로 생사를 넘나들게 되다니. 교통사고도 아니고 방안에서 일어난 작은 사고였다. 일어나시다 그만 발이 삐끗 넘어졌던 건데 대퇴부에 금이 가고, 회복된 듯싶더니 더 나빠져 버렸다.

어머니의 병세는 누가 봐도 가망이 없어 보였다. 당신도 그것을 알고 있었을까. 어느 날 우리를 찬찬히 바라보시더니 문득 '고맙다'고 하셨다. '고맙다'는 말은 어머니의 일상어였지만 그날은 느낌이 달랐다. 어쩐지 마지막처럼 느껴져서 가슴이 철렁했다. 짧고 간결한 그 한마디가 당신의 생애를 응축해 놓은 것만 같아 또다시 울컥했다. 살면서 어찌 고마운 일만 있었겠는가만 어머니는 어떤 것도 원망하거나 탓하지 않으셨다. 늘 '고맙다'는 말을 입에 달고 사는 물처럼 순한 분이셨다.

우리가 할 일은 아무것도 없었다. 어머니는 미리 할 말 다 해놓은 듯 깊은 잠에 빠지셨다. 우리는 기껏 조마조마하며 병실 밖을 서성거리거나 목전에 와 있는 이별의 순간을 받아들여야 하는 것뿐이었다. 어디 멀리 출타하는 것은 삼가고, 울리면 바로 받을 수 있도록 전화기는 늘 가까이에 두고, 언제라도 달려갈 수 있게 대기 상태로 있는 것, 그것밖에 없었다. 어머니를 잃는다는 깊은 상실감에 저마다의 슬픔으로 더 깊이 가라앉았으려나. 그 얼마간의 시간을 빼면 거의 속수무책인 날들이었다.

 그렇게 한 달쯤 흘렀을까. 기적처럼 어머니가 일어나신 것이다. 잠에서 막 깨어난 듯 말갛고 수줍은 미소를 머금고서 달빛처럼 곱게…. 어머니는 성큼성큼 놀라운 회복세를 보여 주셨다. 중환자실에서 일반병실로, 결박당한 몸에서 한결 자유로운 몸으로 나날이 좋아지시더니 마침내 일어나 걸을 수도 있게 되었다. 보조기에 의지해 한발 한발 조심스레 내딛는 걸음이었지만, 그런 정도라면 곧 퇴원을 해도 무방할 듯싶었다. 당신 역시 꿈에 부풀었다. 한시바삐 집으로 돌아가 텃밭의 채소도 가꾸고 노인정에 놀러도 가고, 답답한 병실에서만큼은 어서 빨리 벗어나고 싶으셨다.

 그러나 기적은 완성되지 않았다. 눈에 띄게 차도를 보이던 병세가 주춤주춤 제자리걸음을 하더니 그쯤에서 멈췄다. 보조기를 붙잡고 겨우 화장실에 다녀오는 정도가 어머니가 할 수 있는 전부였다. 그 정도가 정점이었던 것인지 어머니의 건강은 더는 나아질 기미가 안 보였다. 집으로 돌아오는 길도 갈수록 요원해졌다. 누군가의 부축 없이는 일어설 수도 없는 데다 지속적인 돌봄이 필요한 형편이니 선택의 여지가 있는 것도 아니었다. 틈만 나면 '집으로 갈란다'하고 졸라대시던 것도 잦아들게 되었다. 혹여 집으로 돌아와도 집에는 아무도 없다는 것을 당신도 아시는 거였다. 모두 아침이면 출근하고 저녁이면 돌아오는 형편이니 누구에게 의탁할 것인가. 당신의 거처는 부득이 병원이거나 요양원일 수밖에 없었다.

　어머니는 결국 집으로 오시지 못했다. 그렇게 7년을 집 밖에서 지내시다 지난겨울 돌아가셨다. 몇 번 집으로 오실 때도 있긴 했다. 설이나 추석 같은 명절이면 모처럼 집으로 돌아와 가족들과 함께 보냈다. 그러나 혼자서는 앉기도 서기도 어려운 형편에 집은 오히려 병원보다 못했다. 길어야 이삼일 머무는 여관처럼 어김없이 떠나야 하는 것도 마뜩잖은 일이었다. 그마저도 어려워져 영영 떠나시고 말았지만….

　하얀 유골함에 담겨 납골당에 계시던 어머니가 다시 거처를 옮기셨다. 높은 하늘과 푸른 나무들이 서로 이마를 맞대고 있는 곳, 바람 소리 새 소리도 풍성하게 울리는 드넓은 공원이다. 당신 옆에는 먼저 와 계신 아버님도 계신다. 오랫동안 그리웠던 사람 옆에 나란히 누우셨으니 이제 '집으로' 보내 달라는 말씀은 아니 하시려나.

봄볕처럼

　이즈음 자주 가는 곳이 있다. 담양 금성산 자락에 있는 조그만 산사인데, 자동차로 30분쯤 걸린다. 언제라도 훌쩍 갈 수 있는 곳이니 가장 만만한 장소라고 할까. 울도 담도 없는 절답지 않은 절이지만, 그래서 더 끌리는 곳이기도 하다. 굳이 경계를 두지 않아 우리 같은 뜨내기들도 주저 없이 드나들 수 있는 곳. 풀방구리에 쥐 드나들 듯 심심찮게 찾곤 한다.

　처음엔 어디 바람이라도 쐴까 해서 갔고, 그다음엔 갈 때마다 자꾸 다른 이유가 생겼다. 전설의 동굴법당-탐관오리를 응징하고 백성들의 억울함을 풀어주는 데 앞장섰다는 전우치가 도술을 익혔다는 곳-에서부터, 어느 불심 깊은 석수장이가 서툰 솜씨로 깎아낸 듯 구부정하게 서 있는 지장보살 입상, 막힘

없이 툭 터진 야외법당, 한없이 소박한 스님 한 분, 스님이 열어놓은 무료 쉼터, 그 안에 모셔놓은 각양각색의 나한들, 장작 난로와 군고구마, 뜨끈한 차 한 잔, 통유리창 너머로 보이는 서늘한 대숲. 그곳에서 나누는 소소한 대화들, 그리고 두 마리의 견공…. '염불보다 잿밥'에 눈먼 것이 확실하지만 그게 대수랴.

코스는 정해져 있다. 입구에 차를 두고 걷기 시작해 대숲을 지나 산성길을 조금 오르다가 방향을 틀어 산사로 내려오는 순서다. 앞에서 열거한 곳들을 차례대로 거쳐 오는 셈인데, 보는 것은 같아도 느끼는 건 그때그때 다르다. 가령 키 큰 대숲 사이를 걸을 때, 어떤 날은 곧게 뻗은 대나무의 위용에 반해 그곳을 걷는 것만으로도 정결해지는 느낌이 드는가 하면, 어떤 땐 그런 건 안중에도 없고 내 안의 검은 구름만 뭉텅뭉텅 빠져나와 눈앞조차 암암해질 때도 있다. 대숲을 벗어나 산사로 내려오는 중간쯤엔 제법 널찍한 바위 하나가 있다. 어떤 땐 그 위에 벌렁 누워 잠깐의 휴지休止를 즐기기도 하지만, 어떤 때는 있는지조차도 모르고 그냥 스쳐 온다.

암벽 아래 구부정하게 서 있는 보살님 얼굴도 어느 날엔 그저 돌덩어리에 불과했다가, 어느 날엔 우리 아버지 얼굴 같아 공연히 애틋해지기도 하고, 어떤 순간엔 전지전능한 신처럼 여겨지기도 해서, 겨우 삼배를 했을 뿐인데도 깊은 위로를 받은 듯 따듯해지기도 한다. 삭발한 민머리에다 이마에 굵은 주름을 두른 그는, 지옥으로 떨어지는 중생들의 영혼을 모두 구제한 뒤에야 비로소 부처가 될 것을 서원했다는 지장보살 입상이다. 저 멀리 고려 때에 조성된 것으로 알려진 이 보살의 역사는 무려 천년을 거슬러 오른다. 그래서 그런가, 수그린 듯 찡그린 듯 덤덤한 얼굴에 온갖 풍상이 다 서려 있는 듯하다.

오늘은 그 아래서 쑥을 캤다. 소보록히 돋은 쑥이 발아래 널려 있어 어디 딴 데 기웃거릴 필요도 없었지만, 사실은 거기 서성이는 것이 좋았다. 앞은 툭 터져 환하고 뒤는 천년 보살이 호위하는 명당자리가 바로 여기 아닌가. 쑥도 쑥이지만, 든든한 뒷배라도 둔 것처럼 어쩐지 위로가 되었다. 암, 잘 견디고 있구나. 생각지도 못한 어려움에 처해 갈팡질팡 힘겨워하는 우리를 가만가만 다독여주는 것 같았다. 천년의 세월을 지나와서도 여전히 중생을 구제하러 진종일을 서 있는 돌 보살 앞에서 우리는 기껏 쑥이나 캐고 있었지만, 그 순간은 정말이지 아무 걱정도 없었다.

오래전 어느 봄, 우연히 그곳을 지나간 적이 있었다. 산속 외진 곳에 문득 한 석상이 서 있는 것을 보았다. 엷게 땅거미가 깔린 고요하고 적막한 시간이었다. 석상은 내 키보다 두어 배는 더 커 보였다. 뭔지 모르게 엄숙하고 경건한 분위기였다. 그게 마음에 남았던가. 내내 잊고 있다가 이즈음 문득 생각이 났다. 졸지에 된서리를 맞은 우리는 시르죽은 풀처럼 갱신하기도 어려웠다. 구차한 모습을 내보이기도 싫고 사람을 만나는 것조차 한사코 꺼리곤 했다. 두문불출 칩거 중에 어디 가까운 데 바람이라도 쐬러 가자 집을 나섰다. 발길 닿는 곳이 그곳이었다.

그때 그 석상이 그대로 거기 있었다. 만고풍상을 다 겪은 한 보살이, 모진 풍파 다 견뎌낸 듯 가만히 어루만지는 눈길 하나가 거기 있었다. 아직 어린 막내를 애잔히 바라보던 당신의 눈매도 거기 있었다. 굳게 다문 입술은 쉬이 열릴 것 같지 않았지만, 묵묵히 수그린 발치 아래 엎드려 다복다복 쑥을 캐어 담는 시간은, 봄볕처럼 따스하였다.

술꾼

그는 뱃사공이면서 고기잡이였다. 마을 앞에 강이 있었고 강에는 노를 젓는 배가 있었다. 그는 노를 저어 사람들을 건네주었다. 몇 년이 지나 노를 젓는 대신 줄을 매어 당기는 줄배로 바뀌면서 사공의 역할은 굳이 필요 없게 되었다. 줄을 당길 힘만 있다면 누구라도 배를 건널 수 있게 된 것이다. 그래도 그는 강을 떠나지 않았다. 작은 조각배에 몸을 싣고서 그물을 던져 물고기를 잡았다. 일엽편주 나뭇잎 같은 배 위에 앉아 있으면 한 폭의 그림처럼 보였다. 그의 아내는 그가 잡은 붕어나 잉어 등을 머리에 이고 장에 내다 팔았다.

그는 한동안 마을을 떠나 산 적도 있었다. 일찍 고향을 뜬 그의 아들을 따라 먼 타관으로 옮겨 갔으나 얼마지 않아 되돌아왔다. 그가 떠난 것은 그의 뜻이 아니라 그 아들의 원이었다. 아들은 자유를 원했다. 어떤 구속도 얽매임도 없는 곳으로 가서 오롯이 자기 이름으로 살 수 있기를 바랐다. 아들은 제 아버지에게도 그걸 원했다. 하지만 그는 받아들이지 못했다. 그는 대대로 이어져 온 고착을 끊어내지 못한 채 살던 마을로 되돌아왔다.

그는 술꾼이었다. 여기저기서 얻어 마신 술로 거나하게 취해 있기 일쑤였다. 그는 술 생각이 날 때면 더러 우리집을 다녀갔다. 웬일인지 엄마는 그를 타박하지 않았다. 오히려 그의 몫을 챙겨두는 눈치였다. 불콰하게 술이 오른 그는 "아~~ 신라의 바아아암이요"를 무한 반복했다. 시작만 있고 끝은 없던, 그의 유일한 노래였다.

그는 그곳에서 살다 그곳에서 죽었다. 걸핏하면 갈지자로 걷다가 꼬랑창에 빠지는 날이 많았다. 그의 걸음걸이는 앞으로 가는지 뒤로 가는지 모를 지경이어서 곧잘 아이들의 놀림감이 되고는 했다. 하지만 그는 눈 한 번 흘길 줄도 몰랐다. 그는 누구에게나 공손할 따름이었다. 그의 'ㄱ(기역)자' 인사는 당혹스러움과 동시에 슬픔을 주었다.

벌써 반세기도 넘은 일이다. 아직 반상班常의 잔재가 완전히 청산되지는 않았던 시절의 한 시골 이야기다. 기억의 지층에서도 맨 아랫자리로 밀려난 이야기. 그러나 찌그덩 찌그덩 노

젓는 배를 타고 강을 건너던 시절의 저 먼 이야기가 요즘 들어 왜 이리 또록또록한가.

며칠 전에 어떤 분은 한 인터뷰에서 '100년 전의 일을 가지고 (일본에) 무조건 안 된다, 무조건 무릎을 꿇어라'고 하는 것은 받아들일 수 없다고 했다지만, 내 어린 날의 가장 아래층의 기억도 이렇게 생생해지는 것을 보면 과연 시간이란 무엇인가 묻고 싶어진다. 100년이 지났다고 있었던 일이 없어지는 것도 아니고 흔적도 없이 사라지는 것도 아니다. 100년이나 50년이나 있었던 일은 있었던 것이며 잘못한 일은 잘못한 것이다. 역사의 층위에서라면 더욱 그렇다.

시간은 아마도 앞으로만 가는 것이 아니라 뒤로도 가는 듯싶다. 우리가 경험하는 시간은, 흘러서 가버리는 것만이 아니라 다시 되돌아오기도 하는 것이어서 사실은 없는 것인지도 모르겠다. 문워크를 하듯이 앞으로 내딛는 것 같으나 사실은 뒤로 가는 것인지도….

기억의 주인

당신이 가장 행복했던 순간은 언제인가요?
지금까지의 삶에서 가장 소중한 단 하나의 기억을 선택한다면?

영화 안에서도, 영화 밖에서도 줄곧 따라다니는 질문이다. '영화는 두 번 시작된다'고도 하고 '영화 바깥에서 다시 시작된다'고도 하는데, 바로 이런 때를 두고 하는 말인 듯싶다. 사실 나도 몹시 궁금하다. 나의 가장 소중한 기억은 무엇인지. 그리고 그 기억은 어떤 의미로 어떻게 간직하고 싶은지….
삶을 통틀어 무엇 하나를 골라낸다는 것, 쉽지 않다. 심지어 천국으로 가지고 갈 단 하나의 기억이라니! 아무리 돌아봐도 무엇을 선택할지 만만찮을뿐더러 어느 하나를 선택한다고 해도 자꾸 다른 게 또 아쉬워지니 말이다. 결국 어느 것도 선택하지 못하거나 매번 다른 선택을 할지도 모르겠다.

영화 〈원더풀 라이프〉(고레에다 히로카즈, 1998)는 '가장 행복했던 기억'을 묻는 작품이다. 삶에서 제일 행복하고 소중한 기억을 딱 하나만 골라보라는 것이 영화의 골자이거니와 영화 속의 영화가 될 그 물음은 작품 속 망자들뿐 아니라 세상 누구에게도 던져질 수 있는 일상적인 문제이기도 하다.

영화에서 망자들은 천국으로 가기 전 '림보'라는 중간역에 머물게 되는데, 그곳에 머무는 동안 일생에서 가장 행복한 기억 하나를 선택해야 한다. 림보의 직원들은 그들이 기억을 떠올리고 선택하는 것을 도우며 영화로 재현하는 일을 담당한다. 망자들은 행복 가득한 그 기억을 안고 림보를 떠나 천국에 이르게 된다.

그러나 행복한 순간을 떠올리는 것은 무엇보다 행복한 일이지만 그리 쉬운 일은 아니다. 우선 '행복이 무엇인가'라는 묵직한 문제와 맞닥뜨리지 않을 수 없으며, 자신의 삶을 들여다보는 사뭇 진지한 과정을 피할 수 없기 때문이다. 림보의 직원들은 유난스럽게 재촉하거나 강요하지 않으면서도 어느덧 깊은 사색 속으로 사람들을 인도한다.

하나를 선택한다는 것 또한 쉽지 않다. 영화 속 인물들도 선뜻 대답하는 사람은 없다. 돌아보면 온통 고통스럽고 싫은 기억뿐이라는 사람이 있는가 하면, 행복했던 순간이 너무 많은데 꼭 한 가지만 선택해야 하느냐 되묻는 사람도 있다. 쉽사리 입을 떼지 못하는 사람도 있고, 아예 선택을 거부하거나 하지 못하는 사람도 있다.

게다가 망자들이 림보에 머무는 기간은 단 일주일, 고민하고 선택할 시간은 그보다 훨씬 짧다. 기억을 재현하는 데도 시간이 필요하기 때문. 망자들은 정해진 일정에 따라 제 삶의 뒤안을 돌아본다. 도대체 행복이란 무엇이며 그것은 어디에 있는가. 망자들은 말한다. 통학길 버스 차창 너머로 불어오던 바람, 첫 비행의 순간에 그 빛나던 구름, 귀지를 팔 때 느껴지던 엄마의 포근한 무릎 감촉, 딸을 시집보내던 날, 대숲에서 먹었던 주먹밥, 빨란 드레스를 입고 춤추던 어린 시절… 그때가 행복했다고.

영화는 기억을 선택해야 하는 사람들의 고심하는 과정만 담은 것이 아니라 림보 직원들의 마음의 변화도 함께 보여준다. 림보의 직원들은 죽었으나 천국에 가지 못한 사람들이다. 가장 행복한 순간을 고르지 못했기 때문이다. 각자의 사정으로 림보에 남아 있는 그들 또한 망자들과 소통하며 심적 변화를 겪는다.

영화는 이처럼 기억을 통해 삶을 이야기한다. 그러나 과거를

참회하고 속죄하는 쪽에 무게를 두기보다 반추하고 추억하며 자신의 관점을 확보하는 쪽에 비중을 둔다. 스스로 돌아보고 스스로 선택하고 스스로 해석함으로써 삶의 혹은 기억의 주인이 되는 것. 자신의 경험과 기억을 통해 자신만의 영화를 만드는 것이다.

영화 〈원더풀 라이프〉는 단 하나의 기억만 선택해야 한다는 설정도 신선하지만, 그것을 영화로 재현해서 다시 보기 한다는 발상도 참신해 보인다. 말하자면 자신의 기억을 원천으로 자신이 주인공인 영화 한 편을 만들어보는 것이다. 그것도 가장 행복하고 가장 소중한, 영원히 간직하고 싶은 가장 아름다운 영화를…. 영화(재현된 기억)는 새로운 질서와 의미를 부여하며 기꺼이 삶의 아름다움을 구가하게 될 것이다.

그리하여 다시 또 묻는다.

당신이 가장 행복했던 순간은 언제인가요?
지금까지의 삶에서 가장 소중한 단 하나의 기억을 선택한다면?

못다 부른 노래

우리는 한창 노래 연습을 하고 있었다.

가톨릭 재단인 우리 학교는 해마다 5월이면 '성모성월' 행사를 했다. 그중 하이라이트는 마지막 날에 펼치는 합창경연대회와 촛불행사였다. 특히 합창경연대회는 그 열기가 대단했다. 수업이 끝나면 하교도 미루고 맹연습을 했다. 반마다 지정곡(성가)과 자유곡이 있었는데 우리반이 택한 노래는 '사랑하올 어머니여'로 시작하는 성가와 '울산 아가씨'라는 경상도 민요였다. 성가는 그렇다 치더라도 어떻게 저 멀리 '동해나 울산' 지역의 민요를 부르게 됐는지 모르겠다. 물론 노래에 국경이 있는 것도 아니고 부르는 사람이 따로 정해져 있는 것도 아니니까 굳이 따질 일은 아니지만.

지휘를 맡은 세진이는 노래를 잘했다. 특히 그 애가 부르는 '세노야'는 참으로 듣기 좋았다. 음악 시간에 공식적으로 배운 것도 아니건만 어떻게 그런 노래를 그렇게 잘도 부르는지 궁금하기도 하고 부럽기도 했다. 어쩌면 세진이는 세상을 다 꿰뚫고 있는지도 몰랐다. 그의 노래에는 세상의 고뇌와 슬픔 같은 것들이 애틋하게 스며 있는 것 같기도 하고, 그것들을 죄다 감싸 안고 있는 듯도 했다. 노래를 듣고 있으면 조금 슬프기도 했지만 뭔가 함께하는 느낌이 들어서 힘이 솟기도 했다.

세진이는 지휘도 잘했다. 우리 반 60명의 시선은 모두 지휘봉을 들고 있는 세진이에게로 향했다. 세진이의 표정, 세진이의 몸짓, 세진이의 손끝을 따라 우리는 온전히 한 덩어리가 되었다. 우리의 목소리는 작았다가 컸다가, 높았다가 낮았다가, 세차게 폭발했다가 다독이듯 잦아들기를 반복했다. 우리의 실력은 날로 좋아졌다. 이 정도면 대상도 되지 않을까 부푼 꿈을 꿔 보기도 했다. 며칠 후면 경연대회가 열리고 그 밤 촛불행사를 끝으로 한 달간의 축제는 막을 내리게 될 것이다.

우리는 노래 연습에 더욱 힘을 쏟고 있었다. 그날도 세진이의 지휘봉에 온 신경을 집중하고 몇 번씩을 되풀이하는 중이었다. 그때 담임 선생님이 나타났다. 그러나 우리를 둘러보고 격려하기 위한 것은 전혀 아닌 듯했다. 선생님의 표정은 잔뜩 굳어 있었고 손을 들어 급히 우리를 제지했다. 당장 연습을 중지하고 모두 집으로 돌아가라는 것이다. 영문도 모른 채 우리는 가방을 챙겨 하교를 서둘렀다. 버스를 타기 위해 길거리로 나왔을 때야 그 이유를 짐작할 수 있었다.

세상은 그야말로 난리가 나 있었다. 길 한복판에 탱크가 지나가고 그 위에 군인들이 올라타 있었다. 전쟁이 난 건가? 이런 게 전쟁인가? 무시무시한 광경이 눈앞에 벌어지고 있었으나 실감이 안 났다. 도대체 이게 무슨 상황인지 종잡을 수가 없었다. 그날 어찌어찌 집에 돌아오긴 했지만 버스를 탔는지 못 탔는지, 걸었는지 뛰었는지 잘 모르겠다.

합창경연대회를 했는지 못 했는지, 그날 밤 촛불 행사를 했는지 못 했는지도 기억에 없다. 내 기억은 한창 노래 연습을 하고 있던 그때 그 교실과 어서 집으로 가라는 선생님의 말씀, 그쯤에 멈춰 있다. 후다닥 가방을 챙겨 길거리로 나왔을 때의 그 무시무시한 광경도 잊히지 않는다. 육중하게 굴러가던 커다란 바퀴와 모든 것을 뭉개버리고 말 것 같은 험상궂은 광경이 맑은 봄날이었는데도 불구하고 시커먼 잿빛으로 남아 있는 것이다.

우리는 계속 학교에 가지 못했다. 들려오는 '뉴스'는 황당하기만 했다. 분명히 내 눈으로 봤는데도 우리 동네 오빠들(청년들)이 '폭도'로 불렸다. 그들은 인근의 학교 버스를 타고서 항거에 나섰고, 동네 아주머니들은 주먹밥을 건네며 격려하고 응원했다. 많은 사람이 무고한 죽임을 당했고 그 황당하고 억울한 죽음에 누구라도 의당 일어서야 할 때였다. 그에 앞장선 우리 동네 오빠들은 우리의 의로운 전사라 할 수 있어도 '폭도'라 할 수는 없었다. 그 명백한 사실이 '뉴스'에서는 그렇지가 않다니 참말로 어처구니가 없었다. 눈 뜨고 코 베인다는 말은 이런 때를 두고 하는 것임이 분명하다. 내가 세상을 믿지 못하게 된 것은 아마도 그때부터가 아니었을지….

그해 여름은 흉흉하게 흘러갔다. 거리의 바람은 눅지근한 여름의 열기인지, 뭔가 썩어가는 냄새인지 분간이 안 갔다. 간혹 무슨 소독약 냄새 같은 게 맡아지기도 했다. 우리는 봄이 다 가고 여름이 한창일 때야 다시 학교에 갈 수 있었다. 방학이 뭉텅 잘려나가 버렸지만, 친구들과 재잘재잘 까불대는 것으로 위안을 삼을 수밖에 없었다.

5월 18일.

다시 그때의 교실과 그때의 거리와 그때의 노래가 떠오른다. 딱히 부른 일도 없었건만, 그 곡조며 가사가 지금도 술술 풀려나오는 게 신기하기도 하다. 아마도 내 몸은 제법 쓸 만한 저장고이거나 아주 안전한 은신처쯤은 되지 않을까. 그때 그 일들은 저 멀리 흘러갔어도 내 몸은 여전히 그날을 기억하고 있다. 오늘, 못다 부른 그 노래를 다시 불러 본다.

산 위에서

   어스름 새벽녘에 집을 나선다. 목적지는 지리산 노고단, 내 단골 산행 코스다. 중간(성삼재)까지는 차로 갈 수 있으니 드라이브하기에도 좋고 거리도 그리 멀지 않은 편이라 하루쯤 보내기로 그만한 곳도 없다. 해발 1500m가 넘지만 잘 닦인 길을 따라 한 시간 남짓 오르면 하늘정원이라 불리는 산등성이를 흐뭇하게 걸을 수 있다. 평지나 다름없는 드넓은 고원에는 키 낮은 초목들이 서로서로 어깨를 걸고 있다. 그 사이로 단정히 놓인 목계단을 따라 걸으면 천상으로 오르는 듯 황홀하기까지 하다.
   그 소요유逍遙遊의 쾌감을 한껏 부풀리며 일찍부터 길을 서두른다. 밖에는 바람이 불고 새들이 수런대고 고양이가 지나간다. 노인이 걸어가고 아가씨가 종종걸음을 친다. 청소차가 지나가고 자동차가 달려간다. 나는 마을을 지나고 강변을 달리고 고개를 넘고, 그리고 숲으로 들어선다. 사방은 푸른 환環을 두른 듯 아득히 벌어 있고, 골짜기 사이로 점점이 마을이 보인다.

타고 온 차를 두고 이제부터는 숫제 걸어서 가야 한다. 수없이 왔던 곳이지만 여전히 새로운 길이다. 신들메를 고쳐 매고 발걸음을 내디딘다. 두 발을 들었다 놨다 바지런히 움직이며 봉우리를 향해 간다. 내딛는 걸음에 리듬이 실리고 몸도 마음도 생기가 돈다. 휴일이라서 그런지 사람도 제법 많다. 말소리를 듣자 하니 팔도 사람이 다 모인 듯 다채롭기도 하거니와 모두가 한곳을 향해 걷는다는 사실이 어쩐지 뭉클하다.

꽃과 나무, 새소리, 바람 소리와 더불어 걷고 또 걷는다. 몸에는 땀이 배고 후끈 더위까지 느껴진다. 이쯤 되면 슬슬 지루해지기 시작한다. 발걸음이 느려지고 꼭대기를 더듬어 보는 횟수가 점점 잦아진다. 저곳은 아직도 아득히 멀다. 달릴 수도 없고 날 수도 없고 그렇다고 아니 갈 수도 없는 곳. 머리 위에 산 하나를 이고서 터벅터벅 걸어간다.

이윽고 산마루. '좋다' 소리가 절로 나온다. 예가 바로 하늘 아래 첫 동네일까. 바람도 햇살도 나무도 풀도 모두가 상큼 삽상하다. 숨통이 트이고 걸음은 다시 날아갈 듯 가볍다. 표지석을 지나고 돌탑을 돌아 넓찍한 바위 끝에 선다. 첩첩 봉우리 사이로 산안개가 흐른다. 먼 듯 가까운 듯 까마귀가 날고 살뜰하게 바람이 불어온다. 언제 다 오를까 돌아서고 싶던 마음은 온데간데가 없고, 여기 이렇게 있는 것만이 기쁘고 뿌듯하다.

새삼 그 공로를 두 발에 돌리고 싶다. 오른발 왼발을 번갈아 내디디며 쉼 없이 걷기를 반복한 결과 마침내 이 산정에 이르지 않았는가. 두 발이 만약 걷기를 멈추고 무슨 까탈이라도 부렸다면 지금의 이 기분은 알지도 못했을 것이다. 끊임없이 같은 동작을 반복하기란 쉽지도 않고 지속하기도 어렵다. 그 지루함을 견디고 밀고 나아가야만 비로소 목적지에 닿는 법. 내 기꺼이 너희의 공을 인정하노라.

단언컨대 뭔가를 반복한다는 것은 위대한 일이다. 걷기는 물론이고 숨을 쉬고, 맥박이 뛰고, 심장이 박동하는 것을 생각해보라. 그것은 멈추지 않고 반복해야만 얻어지는 생명의 리듬이다. 갑자기 숨쉬기가 힘들고 맥박이 불규칙하고 심장이 쿵쿵거린다면, 누구라도 대번 목숨을 위협받는 두려움에 떨 수밖에 없으리라. 우리의 생명은 한순간도 그 경계를 벗어나서는 곤란하다. 호흡도 맥박도 고르게 연속되어야만 목숨을 유지할 수 있으니 부지런히 움직여서 리듬을 타야 한다. 그것이 삶의 조건이다. 바다의 파도도 밀려왔다 밀려가기를 반복하며 리듬을 만들어낸다. 파도는 살리는 힘이다. 죽음을 그러

안고 기슭에 섰던 사람도 치어 오르는 파도 소리를 들으며 다시 힘을 얻지 않던가.

  삶은 봄 여름 가을 겨울 반복으로 채워진다. 매일 비슷한 하루를 살고 어김없이 다가오는 계절을 맞으며 반복적으로 흘러간다. 우리의 삶은 저마다의 미세한 파동이 있을 뿐, 판에 박힌 되풀이에 불과할지 모른다. 그러나 그 반복 속에는 놀라움이 살고 있다. '내려올 때 보았네/올라갈 때 보지 못한 그 꽃'도 반복 속에 일어난 일이고, 겨울이 지나면 봄이 온다는 사실도 반복이 알려준 것이다. 반복은 숨어 있는 것들을 발견하게 해주고, 같은 자리를 파고들어 재능이 되게끔 해준다.

  하늘과 바람과 검푸른 산자락만 있는 이 망망한 곳에서 자꾸 가슴이 벅차 온다. 다만 좀 길게 걸었을 뿐인데 이런 기쁨을 맛보다니! 성공한다는 것도 결국은 누가 얼마나 오래 반복하느냐에 달린 것이 아닐까. 모든 깨닫기는 어쩌면 반복 속에 있을지도 모른다.

꽃 밟는 일을 걱정하다

나는 걸음을 재촉했다. 비는 개어 있고 공기는 상쾌했다. 꽃들은 안녕하시겠지? 공원에는 벚나무가 많았다. 나무는 삽시간에 피어난 꽃들로 구름처럼 부풀어 있었다. 어디서 날아왔는지 벌들도 잉잉거렸다. 봄기운 창만한 그 아래를 나는 다시금 서성거려보고 싶었다.

공원길엔 벌써 꽃잎이 깔렸다. 어찌 하필 바람은 그사이를 불고 갔을까. 이틀이나 연속 비 오고 바람 불더니만 그 흔적이 눈앞에 역력했다. 꽃잎은 낱낱이 혹은 겹겹이 혹은 수북이 쌓여서 카펫을 깔아놓은 듯 화사했다. 이른 아침이어선지 사람들은 뜸하고 꽃들은 아직 반나마 나무에 있었지만, 그마저도 화르르 나부끼는 중이었다. 나는 순간 기우뚱 흔들렸다. 너무 이른 낙화가 황망하기도 했지만, 그보다 발 디딜 틈을 찾지 못해서였다.

나는 들어 올린 한 발을 어디에 둬야 할지 몰랐다. 아무리 봐도 마땅한 곳이 없었다. 여기도 꽃잎 저기도 꽃잎, 꽃잎 천지였다. 희고 둥근 꽃잎들이, 여리고 부드러운 잎들이 또록또록 분명했다. 웬일인지 내 하얀 운동화는 시커먼 군홧발처럼 우악스러워 보였다. 뭔가를 제기기 직전의 섬뜩한 형상. 나는 지레 놀라 비틀거리지 않을 수 없었다. 꽃들도 움찔 몸을 떨었다.

다행히 서너 발 떨어진 곳에 벤치가 있었다. 겨우 발을 뗀 나는 거기에라도 걸터앉으려고 했다. 하지만 그곳에도 작고 여린 꽃잎들이 점점이 떨어져 있었다. 이번에는 내 엉덩이가 문제였다. 내 엉덩이로 말하면, 그야말로 나와는 한몸이어서 평소에는 아무 의식도 없이 지내고 있었지만, 그 순간만큼은 어디에 둬야 할지를 모르겠는 애먼 것이 되고 말았다. 내 엉덩이 역시도 엉거주춤 자리를 잃었다.

어느새 사람들이 더 오고 발걸음도 잦아졌다. 그러나 누구도 꽃 밟는 일을 걱정하는 사람은 없는 것 같았다. 성큼성큼 내딛는 소리가 가볍고 경쾌했다. 안절부절못하는 것은 나뿐인 듯했다. 더러 데리고 나온 강아지들이 킁킁 꽃냄새를 맡거나 영역표시를 했다. 새들은 더욱 야단스레 나뭇가지를 오가고 하늘은 점점 밝아지고 있었다. 바람은 삽상하고 하롱하롱

꽃잎은 날고, 나는 벤치를 옆에 두고도 앉지를 못하였다. 아직 물기가 남아 있기도 했지만 차마 깔고 앉을 수가 없었다.

불과 이틀 전만 해도 이런 일은 생각지도 않았다. 공원길은 터져 나온 꽃송이로 하늘을 덮었고 나는 거의 홀려 있었다. 내 얼굴은 웃는 듯 우는 듯 사뭇 달떠 있었고 마음은 헤벌어져 있었다. 공원에는 사람들이 많았다. 그들 역시 꽃구경을 나왔을 것이다. 꽃이 피는 것과 인간의 흥취 혹은 유흥 사이에 무엇이 있는지는 몰라도 어떤 격정의 순간임은 확실해 보였다. 나는 그 수상한 열기에 휩싸여 열심히 셔터를 눌렀다. 멀리도 찍고 가까이도 찍고, 화면을 온통 꽃으로 채워보기도 하고, 하늘을 여백 삼아 몇 가지만 담아보기도 했다. 꽃가지에 앉은 까치 한 마리와 눈이 마주치기도 했다. 새는 이 가지에서 저 가지로, 땅으로 하늘로 부산스레 왕래하는 중이었다. 오오, 꽃이여! 새여! 부풀어 오른 나무 둥치 밑에서 나는 실없이 헤실거렸다.

나는 벤치 옆에 우두커니 있었다. 세상에 꽃 밟는 일을 다 걱정하고 있다니, 누가 봐도 우스운 일이었다. 하지만 알고 보면 나만 그런 것도 아니었다. 일찍이 소월이라는 시인도 그런 걱정을 했더랬다. 가시는 걸음걸음 놓인 그 꽃을 '사뿐히 즈려밟고' 가시라고 했지만, '사뿐히 즈려밟기'가 어디 그리 쉬운 일인가. 그 말은 외려 밟지 말라는 청원이었고 가지 말라는 애원이었다. 님이 진정 나(진달래꽃)를 사랑하신다면 어찌 사뿐히라도 밟을 수 있겠습니까. 꽃잎이여, 꽃잎처럼 서러운 이여. 오오, 가지 마시라.

나는 내 발을 내려다보았다. 발가락을 움직거려도 보았다. 발가락은 잔뜩 긴장하고 있었다. 엉덩이도 쑤욱 밀어 올려 보았다. 최대한 무게를 줄여야 해. 나는 힘껏 날아볼 참이었다. 꽃길만 걸으세요? 오, 노! 꽃길 같은 건 사양하겠어요. 그건 정말이지 위험천만한 일이죠. 그 비명을 들으니 차라리 나는 법을 배우겠어요. 나비처럼 벌처럼 훨훨 날아서 사뿐히 그대에게로 가겠어요. 꽃나무 가지마다 간 데 족족 앉았다가 향 묻은 날개로 그대에게 가겠어요.

살랑 바람이 일고 어깨 위로 가만히 꽃잎이 내렸다. 참새떼가 한 무리 푸르렁 날아갔다.

청바지를 입는 이유

　지구촌에서 인종과 민족을 가리지 않고 남녀노소 모두에게 사랑받는 옷이 있습니다. 처음엔 광부들의 '작업복'으로 출발했으나 끊임없는 변화를 모색하며 '패션'으로 거듭난 옷입니다. 영화배우 '제임스 딘'과 로큰롤의 황태자 '엘비스 프레슬리', 혁신의 아이콘 '스티브 잡스'와 페이스북의 창시자 '마크 저크버그' 등의 유명인들도 즐겨 입었지요. 덕분에 젊음과 자유, 반항의 상징으로 여겨지기도 하고, IT 패션의 대명사로 꼽히기도 했습니다.

　그렇습니다. 바로 청바지 이야기입니다. 청바지가 세상에 등장한 지는 무려 170년이나 되지만, 그 인기는 지금도 여전합니다. 우리 중의 누구도 청바지 한 번 안 입어 본 사람은 없을 겁니다. 한 번 입어봤다고 안 입는 것이 아니라, 입고 또 입고 사고 또 삽니다. 도대체 그 뻣뻣하고 질긴 청색의 바지 하나가 어떻게 그렇게 사람들의 마음을 사로잡게 되는 것일까요? 무슨 비결이라도 있는 것일까요?

아시다시피 청바지는 그 탄생부터가 기발했습니다. 청바지를 처음 발명한 사람은 미국의 천막 천 생산업자였던 '리바이 스트라우스'라고 합니다. 1850년 미국 서부는 황금을 캐려고 몰려드는 사람들로 초만원을 이루었고, 전 지역이 천막촌으로 변해가는 시기였습니다. '리바이 스트라우스'의 천막 천 생산도 호황기를 맞았죠. 그런데 잘나가던 사업이 갑자기 꽉 막히게 되고, 그는 엄청난 손해를 보게 됩니다.

어느 날 홧김에 술을 마시다가 우연히 천막 속에 광부들이 모여 앉아 바지를 꿰매는 모습을 목격합니다. 무심코 지켜보던 그 순간 그는 유레카를 외칩니다. 맞아! 이거야! 바로 천막 천으로 바지를 만들겠다는 기발한 생각이 떠오른 것이죠. 그의 생각은 적중했고, 시장에 첫선을 보인 제품은 큰 인기를 얻습니다. 하마터면 폐기 처분될 뻔한 재고품들이 변신의 날개를 달게 된 순간이었습니다.

엊그제는 오랜만에 1박 2일 모임을 다녀왔습니다. 모여서 공부도 하고 회포도 풀고, 세미나도 하고 재미나게 즐겼습니다. 거기 참석자 중에 C 선생님이라고 연세가 좀 있으신데, 손수

세 시간을 운전하고 오셨지요. 그것만도 멋지다 싶은데, 다음 날은 더 멋져 보이시는 거예요. 그분의 의상은 전날과는 확실하게 달라져 있었습니다. 중절모와 티셔츠와 찢어진 청바지! 무척이나 자유롭고 유쾌해 보였습니다. 젊은이 못지않은 차림새가 작고 다부진 그분의 체구와도 잘 어울렸습니다.

그분은 별로 지치거나 지루한 기색도 없이 이틀간의 일정을 거뜬히 소화하고 사뿐히 오던 길로 되돌아가셨습니다. '나이는 숫자에 불과하다'라는 말이 결코 헛말이 아니라는 것을 '찢청'으로 증명해주신 거죠. 물론 그분의 '찢청'은 허벅지나 무릎이 훤히 드러나거나 실밥이 너덜너덜할 정도로 과한 것은 아니었습니다. 오히려 소심하다 싶게 절제되어 있었다고 할까요. 찢어진 자리를 감침질로 막음 해놓은 솜씨에는, 자유는 누리되 방종은 금물이라는 뜻이 새겨져 있는 듯도 했습니다.

생각해보면 참 이상한 일입니다. 대충 입지 뭐, 하고 입는 옷이 청바지이기도 하고, 멋 좀 내볼까? 아니 좀 젊어져 볼까? 작정하고 입는 옷이 청바지이기도 하기 때문입니다. 가장 흔하게 입는 것이 청바지인데, 어떤 때는 있는 듯 없는 듯 눈에 띄지 않다가도 어떤 순간엔 아주 특별하게 다가오는 것이 청바지입니다.

그러고 보면 청바지는 가장 평범하지만 가장 특별한 옷, 가장 단순하지만 가장 세련된 옷, 가장 보편적이지만 가장 고유한 옷이 아닐까 싶습니다. 모두가 다 입는 동질성의 옷이기도 하고 극히 내밀한 개별성의 옷이기도 합니다. 편안함과 안정감을 주는 동시에 저항과 거부 혹은 불안과 유혹을 불러오기도 하는 이율배반의 의상이기도 하지요.

그날 그분의 청바지도 그런 것 같습니다. 이를테면 격식을 지키면서도 격식을 깨트리는 파격의 자유, 같으면서도 다름을 추구하는 자기만의 멋을 청바지라는 장場을 통해 유감없이 발휘해 낸 게 아니었을까요? 그러니까 세대를 불문하고 청바지는 '자기 멋대로' 할 수 있는 자유(기회)를 제공해주는 것이 아닐까 합니다. 융통성과 창의성, 새로움의 미학을 추구하며 '자기다움'의 개성을 구현할 수 있는 물 같고 바람 같은 옷. 그래서 오늘도 우리는 기꺼이 청바지를 입는 것이 아닐까요?

한 은퇴자의 글쓰기와 기록의 쓸모

어떤 분이 수필집 한 권을 보내왔다. 워낙 글쓰기를 좋아했지만 먹고 사느라고 엄두도 못 내다가 은퇴 후에야 비로소 꿈을 이루었노라고 했다. 벌써 세 번째 책이라니, 좋아한다고만 될 일은 아니었다. 그는 '둔필승총鈍筆勝聰', 둔한 붓이 총명한 머리보다 낫다는 말을 스승 삼아 날마다 습관처럼 쓴다고 했다. 무엇이든 적어두지 않으면 잊게 마련이니, '적자생존(적는 자가 살아남는다)'의 원리를 누구보다 깊이 깨우친 것이리라.

그의 이야기는 옹기종기 모여앉은 형제들 같다. 크고 작은 섬들이 모여 이룬 다도해 같기도 하다. 이런저런 이야기가 모여서 두툼한 한 권의 역사가 되었다. 내용물은 수수하고 담박하다. 거칠고 투박하게도 느껴진다. 형식에 얽매이지도 않고 기교도 없다. 언어적 수사에 골몰하거나 구태여 의미화하려고도 하지 않는다. 가공품이라기보다 자연산에 가깝다. 화려하고 장식적인 것보다 소박하고 솔직한 것을 선호하는 듯하다. 깔끔하게 정돈되었다기보다 덜렁덜렁 치워놓은 편안한 거실 같다. 자랑도 자만도 없다. 잘잘못을 가리는 냉철한 잣대보다 긍정하고 화합하는 쪽이다. 천천히 조심조심 걷는다기보다 성큼성큼 활보하기를 즐긴다고 할까.

사실 나는 그분과 일면식도 없는 사이지만 책 한 권을 읽고 나니 오랜 친구라도 된 듯 친밀감이 느껴진다. 그의 가족, 일상, 취미, 좋아하는 것, 싫어하는 것이 뭔지 다 알 듯하다. 그가 얼마나 손자들을 사랑하는지, 아내에 대한 속마음은 어떠한지, 친구들 여행 바둑 붓글씨 수영, 그리고 왜 그렇게 열심히 글을 쓰는가에 대해서도 웬만큼은 알 것 같다. 일대일의 긴 대화를 나눈 듯, 읽기 전과 읽기 후가 이렇게 다르다니….

수필이라는 장르는 확실히 존재의 고유함을 보여주는 가장 적합한 양식임이 분명하다. 한 존재의 일상과 그 세계를 정치하게 다루는 것이 수필이라고 한다면, 거기에 담기는 건 그 자신의 고유한 삶이 아니겠나. 태어나고 죽는 것은 삶의 벗어날 수 없는 형식이며 각각의 삶 또한 크게 다르지 않지만, 한 권의 수필집에 들어 있는 존재의 행적을 따라가다 보면 그만의 고유함을 발견하게 된다. 그 같고 다름을 발견하는 일은 의외의 기쁨을 준다. 낯설고 신선해서 좋고, 비슷해서 또 달라서 좋다. 은근히 연대감을 느끼는 것도 피할 수 없는 기쁨이다.

한 권의 수필집은 필부필부의 삶도 소중하고 아름답다는 것을 보여준다. 높은 지위에 올라 권력을 휘두르고 큰 빗돌에 이름을 새겨야만 그 이름이 전해지는 것이 아니라, 소박하고 평범해도, 작고 보잘것없어도 모두의 삶은 소중하고 아름다운 것임을 일깨워 준다. 힘센 자만 살아남는 것이 아니라 적는 자가 살아남고 꾸준해야 살아남는다는 것을 일러 주기도 한다.

역사는 기록하는 자의 것이라고 했던가. 그는 스스로 자신의 역사를 기록한다. 역사는 나라와 민족에게만 있는 것이 아니라 필부필부 장삼이사들에게도 똑같이 있으므로. 자신에게도 선조로부터 물려받은 내력과 제 삶의 이야기와 그리고 그것을 들려줄 후손이 있으므로. 그러나 기록이 아니면 그 어느 역사도 알 길이 없다. 하찮다 여길 개인의 역사도, 거대한 국가의 역사도 모두 기록에 의해 남는다. 기억은 곧잘 사라지거나 왜곡될 수 있지만, 기록은 기억을 도울 뿐 아니라 더 오래 생생하게 기억하게 해준다.

할아버지로서 그는 훗날의 독자들을 염두에 두고 글을 쓴다. 아직 어린 독자들이지만 머지않아 가장 친애하는 독자가 되어줄 것을 믿는다. 그걸 생각하면 글쓰기만큼 설레는 일도 없다. 그런 점에서 그는 연결하는 사람이다. 보이는 것과 보이지 않는 것, 과거와 현재와 미래, 지금 사람과 다음 사람, 나와 너를 연결하는 가장 분명한 도구는 기록이라는 것을 아는 사람이다. 이 기록물을 통해서도 그는 먼 후대에까지 연결될 수 있으며, 자신이 경험한 바를 다시 돌아볼 수 있고, 더불어 나누고 소통할 수 있게 될 것이다.

자신의 이야기를 스스로 기록하는 동안 그는, 때때로 닥치는 혼돈과 불안과 무의미를 넘어서기도 할 것이며, 흐트러진 생각들을 가지런히 꿰어내기도 할 것이다. 새로운 자아를 발견하고 자신을 객관적으로 바라볼 수 있으며, 원하는 삶을 설계할 수 있을 것이다. 인생을 두 번 사는 놀라운 경험도 해보게 될 것이며, 세상을 건너가는 지혜도 얻게 될 것이다. 이 모두가 '씀'으로써 일어나는, 기록의 쓸모가 아니겠나.